心一堂術數古籍珍本叢刊

書名：儀度六壬選日要訣（清刻足本）（上）

系列：心一堂術數古籍珍本叢刊　選擇類　第一輯　113

作者：【清】張九儀

主編、責任編輯：陳劍聰

心一堂術數古籍珍本叢刊編校小組：陳劍聰　素聞　梁松盛　鄒偉才　虛白盧主

出版：心一堂有限公司

通訊地址：香港九龍旺角彌敦道六一〇號荷李活商業中心十八樓〇五一〇六室

深港讀者服務中心·中國深圳市羅湖區立新路六號羅湖商業大廈負一層〇〇八室

電話號碼：(852)67150840

網址：publish.sunyata.cc

電郵：sunyatabook@gmail.com

網店：http://book.sunyata.cc

淘寶店地址：https://shop210782774.taobao.com

微店地址：https://weidian.com/s/1212826297

臉書：https://www.facebook.com/sunyatabook

讀者論壇：http://bbs.sunyata.cc/

版次：二零一五年四月初版

平裝：二冊不分售

港幣　　四百五十元正

定價：人民幣　四百五十元正

新台幣　一千七百八十元正

國際書號：ISBN 978-988-8266-92-0

香港發行：香港聯合書刊物流有限公司

地址：香港新界大埔汀麗路36號中華商務印刷大廈3樓

電話號碼：(852)2150-2100

傳真號碼：(852)2407-3062

電郵：info@suplogistics.com.hk

台灣發行：秀威資訊科技股份有限公司

地址：台灣台北市內湖區瑞光路七十六巷六十五號一樓

電話號碼：+886-2-2796-3638

傳真號碼：+886-2-2796-1377

網絡書店：www.bodbooks.com.tw

台灣國家書店讀者服務中心：

地址：台灣台北市中山區松江路二〇九號一樓

電話號碼：+886-2-2518-0207

傳真號碼：+886-2-2518-0778

網絡書店：http://www.govbooks.com.tw

中國大陸發行　零售：深圳心一堂文化傳播有限公司

深圳地址：深圳市羅湖區立新路六號羅湖商業大廈負一層〇〇八室

電話號碼：(86)0755-82224934

心一堂微店二維碼

心一堂淘寶店二維碼

心一堂術數古籍 珍本 整理 叢刊 總序

術數定義

術數，大概可謂以「推算（推演）、預測人（個人、群體、國家等）、事、物、自然現象、時間、空間方位等規律及氣數，並或通過種種『方術』，從而達致趨吉避凶或某種特定目的」之知識體系和方法。

術數類別

我國術數的內容類別，歷代不盡相同，例如《漢書‧藝文志》中載，漢代術數有六類：天文、曆譜、五行、蓍龜、雜占、形法。至清代《四庫全書》，術數類則有：數學、占候、相宅相墓、占卜、命書、相書、陰陽五行、雜技術等，其他如《後漢書‧方術部》、《藝文類聚‧方術部》、《太平御覽‧方術部》等，對於術數的分類，皆有差異。古代多把天文、曆譜、及部分數學均歸入術數類，而民間流行亦視傳統醫學作為術數的一環；此外，有些術數與宗教中的方術亦往往難以分開。現代民間則常將各種術數歸納為五大類別：命、卜、相、醫、山，通稱「五術」。

本叢刊在《四庫全書》的分類基礎上，將術數分為九大類別：占筮、星命、相術、堪輿、選擇、三式、讖諱、理數（陰陽五行）、雜術（其他）。而未收天文、曆譜、算術、宗教方術、醫學。

術數思想與發展——從術到學，乃至合道

我國術數是由上古的占星、卜筮、形法等術發展下來的。其中卜筮之術，是歷經夏商周三代而通過「龜卜、蓍筮」得出卜（筮）辭的一種預測（吉凶成敗）術，之後歸納並結集成書，此即現傳之《易

一

經》。經過春秋戰國至秦漢之際，受到當時諸子百家的影響、儒家的推崇，遂有《易傳》等的出現，原本是卜筮術書的《易經》，被提升及解讀成有包涵「天地之道（理）」之學。因此，《易‧繫辭傳》曰：「易與天地準，故能彌綸天地之道。」

漢代以後，易學中的陰陽學說，與五行、九宮、干支、氣運、災變、律曆、卦氣、讖緯、天人感應說等相結合，形成易學中象數系統。而其他原與《易經》本來沒有關係的術數，如占星、形法、選擇，亦漸漸以易理（象數學說）為依歸。《四庫全書‧易類小序》云：「術數之興，多在秦漢以後。要其旨，不出乎陰陽五行，生尅制化。實皆《易》之支派，傳以雜說耳。」至此，術數可謂已由「術」發展成「學」。

及至宋代，術數理論與理學中的河圖洛書、太極圖、邵雍先天之學及皇極經世等學說給合，通過術數以演繹理學中「天地中有一太極，萬物中各有一太極」（《朱子語類》）的思想。術數理論不單已發展至十分成熟，而且也從其學理中衍生一些新的方法或理論，如《梅花易數》、《河洛理數》等。

在傳統上，術數功能往往不止於僅僅作為趨吉避凶的方術，及「能彌綸天地之道」的學問，亦有其「修心養性」的功能，「與道合一」（修道）的內涵。《素問‧上古天真論》：「上古之人，其知道者，法於陰陽，和於術數。」數之意義，不單是外在的算數、歷數、氣數，而是與理學中同等的「道」、「理」──心性的功能，北宋理氣家邵雍對此多有發揮：「聖人之心，是亦數也」、「萬化萬事生乎心」、「心為太極」。《觀物外篇》：「先天之學，心法也。……蓋天地萬物之理，盡在其中矣，心一而不分，則能應萬物。」反過來說，宋代的術數理論，受到當時理學、佛道及宋易影響，認為心性本質上是等同天地之太極。天地萬物氣數規律，能通過內觀自心而有所感知，即是內心也已具備有術數的推演及預測、感知能力；相傳是邵雍所創之《梅花易數》，便是在這樣的背景下誕生。

《易‧文言傳》已有「積善之家，必有餘慶；積不善之家，必有餘殃」之說，至漢代流行的災變說及讖緯說，我國數千年來都認為天災，異常天象（自然現象），皆與一國或一地的施政者失德有關；下

至家族、個人之盛衰，也都與一族一人之德行修養有關。因此，我國術數中除了吉凶盛衰理數之外，人心的德行修養，也是趨吉避凶的一個關鍵因素。

術數與宗教、修道

在這種思想之下，我國術數不單只是附屬於巫術或宗教行為的方術，又往往是一種宗教的修煉手段──通過術數，以知陰陽，乃至合陰陽（道）。「其知道者，法於陰陽，和於術數。」例如，「奇門遁甲」術中，即分為「術奇門」與「法奇門」兩大類。「法奇門」中有大量道教中符籙、手印、存想、內煉的內容，是道教內丹外法的一種重要外法修煉體系。甚至在雷法一系的修煉上，亦大量應用了術數內容。此外，相術、堪輿術中也有修煉望氣（氣的形狀、顏色）的方法；堪輿家除了選擇陰陽宅之吉凶外，也有道教中選擇適合修道環境（法、財、侶、地中的地）的方法，以至通過堪輿術觀察天地山川陰陽之氣，亦成為領悟陰陽金丹大道的一途。

易學體系以外的術數與的少數民族的術數

我國術數中，也有不用或不全用易理作為其理論依據的，如揚雄的《太玄》、司馬光的《潛虛》。也有一些占卜法、雜術不屬於《易經》系統，不過對後世影響較少而已。

外來宗教及少數民族中也有不少雖受漢文化影響（如陰陽、五行、二十八宿等學說。）但仍自成系統的術數，如古代的西夏、突厥、吐魯番等占卜及星占術、藏族中有多種藏傳佛教占卜術、苯教占卜術、擇吉術、推命術、相術等；北方少數民族有薩滿教占卜術；不少少數民族如水族、白族、布朗族、佤族、彝族、苗族等，皆有占雞（卦）草卜、雞蛋卜等術，納西族的占星術、占卜術，彝族畢摩的推命術、占卜術……等等，都是屬於《易經》體系以外的術數。相對上，外國傳入的術數以及其理論，對我國術數影響更大。

曆法、推步術與外來術數的影響

我國的術數與曆法的關係非常緊密。早期的術數中，很多是利用星宿或星宿組合的位置（如某星在某州或某宮某度）付予某種吉凶意義，并據之以推演，例如歲星（木星）、月將（某月太陽所躔之宮次）等。不過，由於不同的古代曆法推步的誤差及歲差的問題，若干年後，其術數所用之星辰的位置，已與真實星辰的位置不一樣了；此如歲星（木星），早期的曆法及術數以十二年為一周期（以應地支），與木星真實周期十一點八六年，每幾十年便錯一宮。後來術家又設一「太歲」的假想星體來解決，是歲星運行的相反，週期亦剛好是十二年。而術數中的神煞，很多即是根據太歲的位置而定。又如六壬術中的「月將」，原是立春節氣後太陽躔娵訾之次而稱作「登明亥將」，至宋代，因歲差的關係，要到雨水節氣後太陽才躔娵訾之次，當時沈括提出了修正，但明清時六壬術中「月將」仍然沿用宋代沈括修正的起法沒有再修正。

由於以真實星象周期的推步術是非常繁複，而且古代星象推步術本身亦有不少誤差，大多數術數除依曆書保留了太陽（節氣）、太陰（月相）的簡單宮次計算外，漸漸形成根據干支、日月等的各自起例，以起出其他具有不同含義的眾多假想星象及神煞系統。唐宋以後，我國絕大部分術數都主要沿用這一系統，也出現了不少完全脫離真實星象的術數，如《子平術》、《紫微斗數》、《鐵版神數》等。後來就連一些利用真實星辰位置的術數，如《七政四餘術》及選擇法中的《天星選擇》，也已與假想星象及神煞混合而使用了。

隨着古代外國曆（推步）、術數的傳入，如唐代傳入的印度曆法及術數，元代傳入的回回曆等，其中我國占星術便吸收了印度占星術中羅睺星、計都星等而形成四餘星，又通過阿拉伯占星術而吸收了其中來自希臘、巴比倫占星術的黃道十二宮、四大（四元素）學說（地、水、火、風），並與我國傳統的二十八宿、五行說、神煞系統並存而形成《七政四餘術》。此外，一些術數中的北斗星名，不用我國傳統的星名：天樞、天璇、天璣、天權、玉衡、開陽、搖光，而是使用來自印度梵文所譯的：貪狼、巨

門、祿存、文曲，廉貞、武曲、破軍等，此明顯是受到唐代從印度傳入的曆法及占星術所影響。如星命術中的《紫微斗數》及堪輿術中的《撼龍經》等文獻中，其星皆用印度譯名。及至清初《時憲曆》，置閏之法則改用西法「定氣」。清代以後的術數，又作過不少的調整。

此外，我國相術中的面相術、手相術，唐宋之際受印度相術影響頗大，至民國初年，又通過翻譯歐西、日本的相術書籍而大量吸收歐西相術的內容，形成了現代我國坊間流行的新式相術。

陰陽學——術數在古代、官方管理及外國的影響

術數在古代社會中一直扮演着一個非常重要的角色，影響層面不單只是某一階層、某一職業、某一年齡的人，而是上自帝王，下至普通百姓，從出生到死亡，不論是生活上的小事如洗髮、出行等，大事如建房、入伙、出兵等，從個人、家族以至國家，從天文、氣象、地理到人事、軍事，從民俗、學術到宗教，都離不開術數的應用。我國最晚在唐代開始，已把以上術數之學，稱作陰陽（學），行術數者稱陰陽人。（敦煌文書、斯四三二七唐《師師漫語話》：「以下說陰陽人謾語話」，此說法後來傳入日本，今日本人稱行術數者為「陰陽師」）。一直到了清末，欽天監中負責陰陽術數的官員中，以及民間術數之士，仍名陰陽生。

古代政府的中欽天監（司天監），除了負責天文、曆法、輿地之外，亦精通其他如星占、選擇、堪輿等術數，除在皇室人員及朝庭中應用外，也定期頒行日書、修定術數，使民間對於天文、日曆用事吉凶及使用其他術數時，有所依從。

我國古代政府對官方及民間陰陽學及陰陽官員，從其內容、人員的選拔、培訓、認證、考核、律法監管等，都有制度。至明清兩代，其制度更為完善、嚴格。

宋代官學之中，課程中已有陰陽學及其考試的內容。（宋徽宗崇寧三年〔一一零四年〕崇寧算學令：「諸學生習……並曆算、三式、天文書。」「諸試……三式即射覆及預占三日陰陽風雨。天文即預

定一月或一季分野災祥，並以依經備草合問為通。」

金代司天臺，從民間「草澤人」（即民間習術數人士）考試選拔：「其試之制，以《宣明曆》試推步，及《婚書》、《地理新書》試合婚、安葬，並《易》筮法、六壬課、三命、五星之術。」（《金史》卷五十一・志第三十二・選舉一）

元代為進一步加強官方陰陽學對民間的影響、管理、控制及培育，除沿襲宋代、金代在司天監掌管陰陽學及中央的官學陰陽學課程之外，更在地方上增設陰陽學課程（《元史・選舉志一》：「世祖至元二十八年夏六月始置諸路陰陽學。」）地方上也設陰陽學教授員，培育及管轄地方陰陽人。（《元史・選舉志一》：「（元仁宗）延祐初，令陰陽人依儒醫例，於路、府、州設教授員，凡陰陽人皆管轄之，而上屬於太史焉。」）自此，民間的陰陽術士（陰陽人），被納入官方的管轄之下。

至明清兩代，陰陽學制度更為完善。中央欽天監掌管陰陽學，明代地方縣設陰陽學正術，各州設陰陽學典術，各縣設陰陽學訓術。陰陽人從地方陰陽學肄業或被選拔出來後，再送到欽天監考試。（《大明會典》卷二二三：「凡天下府州縣舉到陰陽人堪任正術等官者，俱從吏部送（欽天監），考中，送回選用；不中者發回原籍為民，原保官吏治罪。」）清代大致沿用明制，凡陰陽術數之流，悉歸中央欽天監及地方陰陽官員管理、培訓、認證。至今尚有「紹興府陰陽印」、「東光縣陰陽學記」等明代銅印，及某某縣某某之清代陰陽執照等傳世。

清代欽天監漏刻科對官員要求甚為嚴格。《大清會典》「國子監」規定：「凡算學之教，設肄業生。滿洲十有二人，蒙古、漢軍各六人，於各旗官學內考取。漢十有二人，於舉人、貢監生童內考取。附學生二十四人，由欽天監選送。教以天文演算法諸書，五年學業有成，舉人引見以欽天監博士用，貢監生童以天文生補用。」學生在官學肄業、貢監生肄業或考得舉人後，經過了五年對天文、算法、陰陽學的學習，其中精通陰陽術數者，會送往漏刻科。而在欽天監供職的官員，《大清會典則例》「欽天監」規定：「本監官生三年考核一次，術業精通者，保題升用。不及者，停其升轉，再加學習。如能黽

勉供職，即予開復。仍不及者，降職一等，再令學習三年，能習熟者，准予開復，仍不能者，黜退。」

除定期考核以定其升用降職外，《大清律例》中對陰陽術士不準確的推斷（妄言禍福）是要治罪的。《大清律例‧一七八‧術七‧妄言禍福》：「凡陰陽術士，不許於大小文武官員之家妄言禍福，違者杖一百。其依經推算星命卜課，不在禁限。」大小文武官員延請的陰陽術士，自然是以欽天監漏刻科官員或地方陰陽官員為主。

官方陰陽學制度也影響鄰國如朝鮮、日本、越南等地，一直到了民國時期，鄰國仍然沿用着我國的多種術數。而我國的漢族術數，在古代甚至影響遍及西夏、突厥、吐蕃、阿拉伯、印度、東南亞諸國。

術數研究

術數在我國古代社會雖然影響深遠，「是傳統中國理念中的一門科學，從傳統的陰陽、五行、九宮、八卦、河圖、洛書等觀念作大自然的研究。……傳統中國的天文學、數學、煉丹術等，要到上世紀中葉始受世界學者肯定。可是，術數還未受到應得的注意。術數在傳統中國科技史、思想史，文化史、社會史，甚至軍事史都有一定的影響。……更進一步了解術數，我們將更能了解中國歷史的全貌。」（何丙郁《術數、天文與醫學中國科技史的新視野》，香港城市大學中國文化中心。）

可是術數至今一直不受正統學界所重視，加上術家藏秘自珍，又揚言天機不可洩漏，「（術數）乃吾國科學與哲學融貫而成一種學說，數千年來傳衍嬗變，或隱或現，全賴一二有心人為之繼續維繫，賴以不絕，其中確有學術上研究之價值，非徒癡人說夢，荒誕不經之謂也。其所以至今不能在科學中成立一種地位者，實有數因。蓋古代士大夫階級目醫卜星相為九流之學，多恥道之；而發明諸大師又故為恍迷離之辭，以待後人探索；間有一二賢者有所發明，亦秘莫如深，既恐洩天地之秘，復恐譏為旁門左道，始終不肯公開研究，成立一有系統說明之書籍，貽之後世。故居今日而欲研究此種學術，實一極困難之事。」（民國徐樂吾《子平真詮評註》，方重審序）

現存的術數古籍，除極少數是唐、宋、元的版本外，絕大多數是明、清兩代的版本。其內容也主要是明、清兩代流行的術數，唐宋或以前的術數及其書籍，大部分均已失傳，只能從史料記載、出土文獻、敦煌遺書中稍窺一鱗半爪。

術數版本

坊間術數古籍版本，大多是晚清書坊之翻刻本及民國書賈之重排本，其中豕亥魚魯，或任意增刪，往往文意全非，以至不能卒讀。現今不論是術數愛好者，還是民俗、史學、社會、文化、版本等學術研究者，要想得一常見術數書籍的善本、原版，已經非常困難，更遑論如稿本、鈔本、孤本等珍稀版本。

在文獻不足及缺乏善本的情況下，要想對術數的源流、理法、及其影響，作全面深入的研究，幾不可能。

有見及此，本叢刊編校小組經多年努力及多方協助，在海內外搜羅了二十世紀六十年代以前漢文為主的術數類善本、珍本、鈔本、孤本、稿本、批校本等數百種，精選出其中最佳版本，分別輯入兩個系列：

一、心一堂術數古籍珍本叢刊

二、心一堂術數古籍整理叢刊

前者以最新數碼（數位）技術清理、修復珍本原本的版面，更正明顯的錯訛，部分善本更以原色彩色精印，務求更勝原本。并以每百多種珍本、一百二十冊為一輯，分輯出版，以饗讀者。

後者延請、稿約有關專家、學者，以善本、珍本等作底本，參以其他版本，古籍進行審定、校勘、注釋，務求打造一最善版本，方便現代人閱讀、理解、研究等之用。

限於編校小組的水平，版本選擇及考證、文字修正、提要內容等方面，恐有疏漏及舛誤之處，懇請方家不吝指正。

心一堂術數古籍　珍本　整理　叢刊編校小組

二零零九年七月序
二零一四年九月第三次修訂

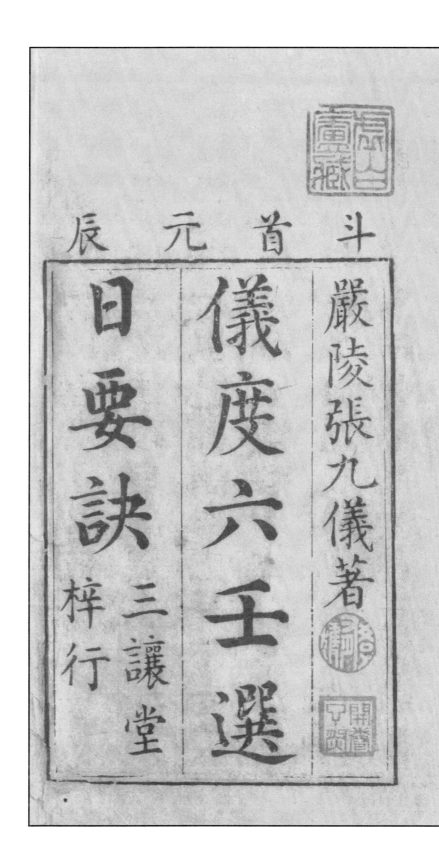

斗首元辰

嚴陵張九儀著

儀度六壬選

日要訣

三讓堂梓行

心一堂術數珍本古籍叢刊 三式‧選擇類 六壬系列

大六壬選日合用斗首叙

造塟擇日之法以日元為主而配以
年月與時但遍書諸家止見于支美
日即用浮而不切唯斗首以本山為
主必取為本山元辰為本山武曲為
本山貴人祿馬而用之方云貼切吉

凶有准爻錄斗首用法在前然用元

辰用武曲內斗首固知取祿馬貴人

卻不知要取祿馬貴人到山到向而

逼書中止用九宮吊替一卦管三山

在吊替既飛東跳西亂而無叙而一

卦三山又混同不清糊塗從事唯大

六壬盤中、十二宮依次挨去、以貴人
祿馬、挨到本山、挨到本向為主住而
不去、且要癸出三傳、斯斗首中、元辰
武尉之祿馬貴人方得確實、乃有靈
驗、故錄大六壬用法、繼之于後、如是
則年月日時四柱、既得元辰武曲吉

宿、而六壬盤中、又得祿馬貴人、實到
某山、實到某向、吉者趨之凶者避之、
選擇之能事傆已、於心有不大爲愉
快者哉、

康熙巳亥端陽日嚴陵張鳳藻九儀

書于全州捕署儀鳳堂

嚴陵張九儀儀度六壬選日要訣仁部

十二神將發用盤式說、

二十四山向、所用之課、祿馬在何方貴人在何位、必
須式盤中、逐一排出眼寶見之、心胸方能明白況盤
內十二宮各人生命上、十二神加來有相生相尅之
分、如寅命子神加上亥命酉神加上、則爲相生而吉、
如午命亥神加上卯命申神加上、則爲相尅而凶、如
此之類不可不辨是當取其生不取其尅可知巳然

而生不盡生克不盡克也、又當視十二將加來神上、

者若何、如寅命子神吉巳忽而勾陳將來則水被土

制、又不全吉如午命亥神凶巳忽而六合將來則洩

水生火又不全凶而且有寅木克辰土辰命似受害

殊辰飛入午宮將逢蛇雀則辰得生而強寅克不動、

而且有巳火生戌土戌命似得生殊巳宮子水入將、

見虎陰則巳遭克而弱生戌不能此一則死中不死、

一則生處不生也未也而且有生而加生者如卯命、

子水來旣生巳忽而虎將飛入是爲水生木又得金生水恩上加恩發福最厚而且有克而加克者如子命戌土來旣克巳忽而龍將乘之是爲土克水轉得木克土難星受難禍遂滅輕未也而且有木一丑命也入午宮土得火生發大財巳而丑爲金局命却又生灾而且有全一太陰也入戌向金得土生亦發財巳而太陰爲女宿必先生女未也其間又有宮克神神克將者如申見卯卯見常是也申得卯爲財申得

常為印証非名利兼收其間又有宮生神神生將者

如午見辰辰見虎是也午得辰為洩午得虎為財是

又耗中見利未也其間又有神生宮將生神者如辰

見巳巳見龍為恩上加恩福又添福也其間又有將

生神神克宮者如虎加子子加巳為難上生難又禍

生禍也總之為神為將生生克克不可執一而其大

吉人口眾多之家總以宅主殺主為重喜生惡克不

可游移其餘有疵勢所必然萬毋以一人而棄合家

之大吉、斯善于選擇巳、如日喜巳在所必拘止觀其

名不窕其實則四丙申課式中、丑宮克亥神、亥神克

雀將名朱雀内戰、六壬畢法賦、不取以爲文章必不

華麗也、而塟地係甲卯龍甲山穴丑貴加甲丑命人

善作文甲年中探花官學士者何哉、則以亥爲丙申

日貴人丑爲甲龍甲山貴人今丑命人旣爲甲山貴

人加在甲山上而又得丙日亥貴加在丑命上天將

朱雀又來亥上以生丑土是本位出位皆作貴人此

山合向之祿馬貴人、而二主命竟不相合何也、余曰

有一合著、福祿隨來、誠可屈指而計者也、或曰有合

後知宅主祭主之命宮、加在何神何將、而後知宅主

祭主之命、或合祿或合貴、或合馬或到山或到向矣、

矣、查之而後知宅主祭主之命宮何神何將加臨而

所用之山向或祿或馬或貴人何者在山何者在向、

觀此而知盤式之不可不查矣、查之而後知吾今日

丑命所以大富大貴也、曰占其吉如此、

子弟中、有材幹、有知慧肯讀書有上進之志者、其命。

相合焉、更美也、或又曰二主命子弟命均無可合、則

奈何余曰山向之祿馬貴人必欲到山到向萬不可

移動現在生人雖無合者、自然用事後將來流年中、

合此祿馬貴人時必生發福之人矣用神用將之法

巳說八九、唯善悟者自得其全也、

神將相加外又有太陽臨山臨命者能除一切凶禍、

又有太歲乘貴人臨山臨命者大人有天庭恩澤

之喜、或橫發得官。貴人臨命、非常喜慶若克命。有

官事無理不凶。 騰蛇非常凝滯、白虎聞狠克命

者灾若乘死氣定旦不出一月病乘金煞多死、白

虎乘生氣開日克命者有瘰癧疾、 天罡入命百事

不利、勾陳也、 天馬目馬主遷動、 天喜乘吉將多吉

慶、亥仝亥后克命有水厄、 貴人入丑爲陞堂

又有論納音者喜生命不喜克、 龍德課歲支作日

貴太陽在歲支臨山臨命主立發大福、

嚴陵張九儀儀度六壬選日要訣仁部

神將加臨盤說、

選日之法、有互祿互貴聚祿聚貴、以及夾拱祿貴、皆

大美課、皆以本山本向為之主、發出三傳為妙、然除

本山本向二支辰外、其餘十個支辰悉屬生人本命、

十二神與十二將支辰相加臨、未免有生有尅、不可不

察、假如一子命也、酉神加來子上、太常將又加酉上、

是為土生金金生水、從上生下、子命豈不大利、若未

神加子上、而將爲螣蛇加來未土、是火生土、土尅水、

子命受尅、又安能吉、若又非螣蛇而青龍木來、則未

尅子水、得青龍來尅未土、未土不敢肆毒子水、是爲

牛吉牛凶、是皆爲生人命中休戚相關之處、不可不

詳求者爰是取十二神與十二將、加臨之盤、逐一輪

出于後、以便人觀覽云、

儀度六壬選日祿馬貴人十二神十二將開後

十天干祿元、

甲祿到寅、　乙祿到卯、　丙祿于巳、　丁祿于午、

庚祿居申、　辛祿到酉、　壬祿在亥、　癸祿居子、

戊祿于巳、

十二地支驛馬、

亥卯未、　馬在巳、

申子辰、　馬居寅、

寅午戌、　馬居申、

巳酉丑、　馬在亥、

十二干貴人

甲戊庚牛羊、　甲貴未陽丑陰、　戊庚貴丑陽未陰、

乙巳(鼠猴)鄉、　乙貴申陽子陰、　巳貴子陽申陰、

丙丁(猪雞)位、　丙貴酉陽亥陰、　丁貴亥陽酉陰、

壬癸(兔蛇藏)、　壬貴卯陽巳陰、　癸貴巳陽卯陰、

六辛逢(馬虎)、　辛貴寅陽午陰、

此是貴人方、

天盤十二神名、

神后　子水、　大吉　丑土、　功曹　寅木、

天盤十二將名、

太冲　卯木、　天罡　辰土、　太乙　巳火、

勝光　午火、　小吉　未土、　傳送　申金、

從魁　酉金、　河魁　戊土、　登明　亥水、

貴人　巳丑土、　　螣蛇　丁巳火、　朱雀　丙午火

六合　乙卯木、　　勾陳　戊辰土、　青龍　甲寅木

天空　戊戊土、　　白虎　庚申金、　太常　巳未土

玄武　癸亥水、　　太陰　辛酉金、　天后　壬子水

天盤十二神者郎十二地支臨月將加時遞臨十二

地盤上者是也十二將、則加臨天盤十二神上序云

貴塍朱六勾青空白常元陰后十二字作三句讀貴

人在亥至辰屬（乾坎艮震）四男卦爲陽貴人在此六

位順數貴人在巳至戌屬（巽離坤兌）四女卦爲陰貴

人在此六位逆數

自卯時至申六時爲晝、用陽貴起、

自酉時至寅六時爲夜、用陰貴起、

嚴陵張九儀儀度六壬選日要訣

孫男　張九灼昭遠　　　張九燨明達

曾孫　張我培用栽　　　張我坤用受　　建業

第一盤子加子

寅得六合大利交易　　卯得勾陳土田為利　辰得

青龍龍升于天　　天空到巳晦氣難堪　白虎燒身

子午得道路孝服之財　太常臨未利于食物　申

遇元武財被賊偷　太陰歸酉本位大得婢妾力

陰后

丁陽　元申酉戌亥貴

貴　常未　子虫

丙陰　白午　丑朱

貴　空巳辰卯寅六

龍勾

寅得朱雀文明之象但惜洩氣虛名虛利　卯為六

合本位小日多生爻易大利　辰亦勾陳本位應得

戌得天后為戌之才得女

人丙助之力　貴人臨天

門諸事皆吉

子得驚恐之財　朱雀入

虫蛇入水

丑土得火生文章華國

元陰

巳陽

巳陽 常申酉戌亥后　土田之益。青龍居巽巳

貴 白未　乘風以御天事無不利。

乙陰 空午　天空到午午火宜李 白

貴 　子貴　天空到午午火宜李 白

貴 　丑虫　虎加未土被金漉道路孝

貴 龍巳辰卯寅朱　服失利。太常臨申傳送

失盜固宜 勾六　宮食物大利 元武入酉

大有權力 太陰臨戌奸婢生心 天后臨亥女人

貴人到子乙巳之年得大貴力 丑有

虫蛇驚恐中大得利

常元　寅有螣蛇失脫虛驚常見。

戊庚　白申酉戌亥陰　卯有朱雀文章雖好恐

陽貴　空未　子后　是虛文　六合到辰交易

甲陰　龍午　丑貴　中有大不祥　勾陳到巳

貴　　勾巳辰卯寅虫　沉晦泥滯之極　青龍到

　　　六朱　午時乘六龍以御天午命

人大富大貴　天空到未無用之物　白虎遷宮申

命之人選英雄‧太常臨酉大得食物之利　元武

臨戌大得偷力　太陰臨亥有女如雲如樂我嘉賓

　　　　　　白常　　神后以子為本宮則天
　　　　　　　　　貴人到丑貴人升

六辛　空申(酉)戌亥元　稱周
　　　　　　　　　　　堂巳丑為真貴

(陽)貴　龍未　(子)陰

　　　　勾午　　丑后　寅得六辛貴辛年大得貴

六(巳)(辰)(卯)(寅)貴　　　蛇入卯宮虛驚虛恐
　　　　　　　　　　　力

　　　　　　朱滕　辰得朱雀大有文章之

青龍入太常吉慶榮盛不作木尅土論　天空臨申

利　六合入巳交易大利　勾陳到午沉滯無比

空白	壬(陽)龍(申)酉戌亥常	貴　勾(未)(子)元	癸(陰)六(午)丑陰	貴	朱巳辰卯寅后	蛇貴
庸庸之象	路多吉	大利	羣而鶯盛	妄得力	妄得力	得力
酉得白虎道	太常到戌食物	元武歸元武小人	太陰入子婢	神后入丑女人		大得女人之財

神后臨寅女子和順勤儉作家家道寧盈。貴人在

邪長子與隆壬癸大歲大得貴力

得利益。　　　　　　　　　　勝蛇到辰驚中

合爻易大振利名茂盛。朱雀乘風文章華國天下聞名。

無非　青龍乘白虎龍虎風雲會有慶哉　天空到

酉諸事平平，白虎來戌道路孝服定遭脫失　太

常臨亥食物大利水土交濟　元武到子盜賊欣欣

太陰入丑丑有婢妾竊取之事

勾陳到未治我土田無是

午得六

寅龍也　白虎來似龍吟虎嘯殊　金來尅木終受其害。

天空入卯得其牟利　巳

貴后

丙陽　蛇申酉戌亥陰

貴　朱未子元

丁陰　六午丑常

貴

貴　勾巳辰卯寅白

龍空

青龍入辰得位得勢　巳

得勾陳沉滯多晦　六合

入午木來生火午命大得

交易之利　未土朱雀來

生之文章大利　螣蛇入

申震驚大害　貴人入酉

土以生金酉命大亨　天

后人戌作戌之財大得女人之力。太陰臨亥亥水

得生婢妾効用　元武入子得偷人之力　太常入

丑食物大利。丙申年全

后陰

乙（陽）　貴（甲）酉戌亥元　　學覃公十數年前塋親巽

貴　蛇未　子當　　　　山乾向兼巳亥問六壬何

巳（陰）　朱午　丑白　　　　如余白亥水也太陰金加

貴　六（巳）辰卯（寅）空　　臨亥命大利果三亥命皆

勾龍　　　　　　　　寅木以土爲財得天空止

儀度六壬　　　　　仕部上　子卯子　　　亡

得其年。青龍入邬爲九二在田之龍利見大人哉

勾陳在辰土田得其位次當得田產　巳火得六

合木來木能生火變易事大得貴笋　午作巳祿朱

雀臨來是爲真雀文名天下　未得螣蛇驚恐中得

利　貴人傳送宮軒昻勢最雄翩翩佳公子桂影搖

秋風　神后入酉婢日唯主母命是聽　太陰入戌

戌脫巳小婢樂哉　元武囬家倫手得所　太常入

子水土全旺白虎申貴也入丑丑則憂脫申貴之精

陰元

神旺相

甲（陽）后申（酉）（戌）亥常　青龍到寅龍居龍位有飛

貴、貴（未）子白　龍在天之勢　勾陳到卯

戊寅　蛇午　丑空　土田春耕乘垺之器　六

陰貴

朱巳辰（卯）（寅）龍　合卯也臨辰作辰卯一賽

六勾　不利　巽巳爲風爲雞朱

雀加來名朱雀乘風文章價高滿天下　螣蛇入午

雖云火來比火驚恐亦可畏也　貴人臨未未爲本

吉貴得其位　　神后臨申洩氣太重　太陰入酉娵

妾應居之位　　元武入戌作戌之財應得偷力　太

　　　　元常　常入亥以吉星入紫微吉

六辛　陰(申酉戌亥)白　宮水土全班　白虎西方

陰貴　后(未)　子空　金神入元枵水宮水得其

　　　貴(午)　丑龍　源溥博淵泉巳　丑原貴

　　蛇巳(辰)卯寅勾　入宮天空來臨則貴人在

　　　　　朱六　對宮正得其宜

勾陳土田之神而寅得之深耕易耨此其時也。卯

爲六合本位今來居之主小兒康寧變易得利　辰

得朱雀飛揚而起文章價高　兩蛇並處驚恐殺人

貴人當午南面而治吉神來助事無不利　天后

臨未水來濟渴大得女人力　太陰臨申婢妾輔佑

元武臨酉偷竊難防　太常臨戌食物大利　天空臨子

虎入亥地金能生水得道路孝服之財　白

土來尅水喜貴人在南烴來幸無大咎　青龍入丑

木來尅上大抵吉事中有受損之處

常　白

癸陽　元申酉戌亥空　　六合加寅木以扶木交易

貴　陰未　子龍　　朱雀臨邜文章譽

　　　　　　　滿人世但惜虛耳　蛇人

壬陰　后午　丑勾　　于辰蛇能變龍自足驚人

貴　貴巳辰邜寅六　　貴人臨巳喜事匆匆樂

　　蛇朱　　不勝言。天后臨午水來

冲火二女相爭火命受害　太陰臨未食物得足未

命脫洩。　元武入傳送宮偷人意得志滿。　大常臨

酉婢妾得美食物婢妾安樂哉　戌得白虎道路孝

服失脫。　亥為元武天空制之偷人受束縛矣　子

得青龍龍遊滄海任其行動　丑得勾陳沉滯中得

土田之利

此盤　亥加亥作壬[祿]丙丁[貴]

巳加巳作丙戌[祿]壬癸[貴]

子加子作癸[祿]乙巳[貴]

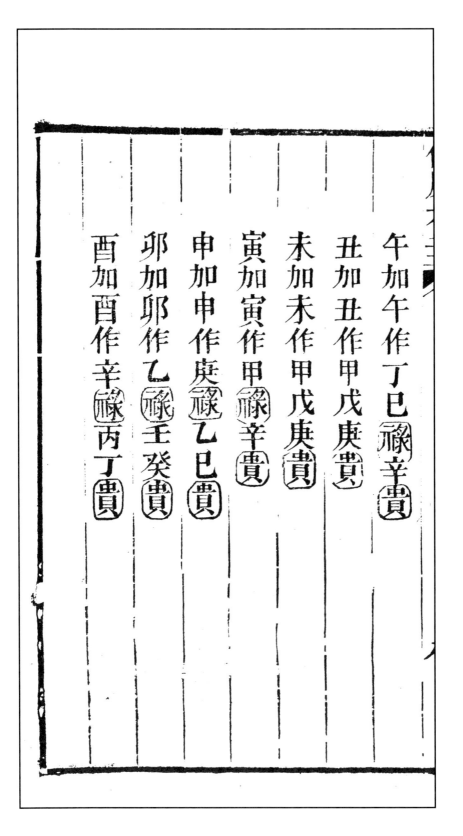

午加午作丁巳祿辛貴

丑加丑作甲戊庚貴

未加未作甲戊庚貴

寅加寅作甲祿辛貴

申加申作庚祿乙巳貴

卯加卯作乙祿壬癸貴

酉加酉作辛祿丙丁貴

第二盤子加丑

元陰

貴

龍辰卯(寅丑)朱　歸卯本宮小兒生育變易

丙(陰)

空巳、(子蛇)　得滋生名利兼收　六合

貴

白(午)(亥)貴　寅得變易利蛇子到丑丑

得文章中財利且六合在

丁(陽)

常(未)申酉戌后　朱雀生丑土而寅受之大

勾六

得利　卯來穿辰雖有土

田不得安寧　龍升蛇宮飛騰而上深淵安藏　天

空到午火明而暗。　午火帶虎金入未未得大利未

免道路失遺．　常未全到申午又生常申之財利豐

而厚　元入兌官婢妾逃亡。　二陰入戌婢妾生外

心携伴全奔　戌土尅亥水天后來救援女人之力

得利哉　亥貴居子深淵澄靜亨通可知　丑得子

為財丑得蛇為印印財双得其利溥也

以貴人之丑入寅得住官財帛然須得驚恐而利愈。

大　卯被朱雀脱氣寅來助卯精神波得從輕　卯

常元

巳(陽) 白(未)(申)酉戌陰　　來穿辰爻易中大戲折

勾辰臨巳火光晦盡龍

貴 空(午) (亥)后　　臨全到午火爻明之象大

乙(陰) 龍巳 (子)貴　　辰光輝　空午臨未火來

貴 勾辰卯寅(丑)蛇　　生土巳年巳日大有其福

六朱　　二虎來一未豹得深霧

太常臨酉婢妾術衒　　戌土生酉金酉金生元水

屑遞上去苦巳　　戌土尅亥水太陽來解厄化杀生

恩婢妾得力。天后入子歸還本家。丑與子合貴

人加臨子爲財貴人爲貴富貴並盛六巳年貴人在

子祿神在午最喜巳丑日與子合巳未日與午合婆

貴而以日干提動之福應如雷巳丑年扦子山巳未

山喜乙癸巳干提子丁山喜丁巳辛干提午太歲祿

年。扦午山更妙此在伏吟盤用亦好。此法本劉青田佐元直指推出

丑作貴人寅能得之宦資大饒厚且丑貴得子財得

神后非但富貴并得美姝　蛇溪卯氣寅來助卯溪

得葴輕。卯來穿辰正在危急一雀飛來。使木生火

以生土兩賢之厄解矣。

辰掩巳光。六合加來撥開

嗋土巳光透出。淹滯中竟。

戊庚　空未申酉戌元　　　白常

得變易利。勾陳臨午土。

（陽）貴　龍午　　　亥陰

田失利。青龍乘離火以

（陰）田　勾巳　　子后

臨貴人之未木生火火生

貴　六辰卯寅丑貴　　朱蛇

土層層生人真時乘六龍

以御天天下文明。空未

臨申貴人之力大矣哉。

中有益。酉洩戌土太常生酉洩減輕。二元夾戌。白虎傳送臨酉道路孝服

陽貴

六辛　龍未申酉戌常　太陰臨子子　偷兒失利

　　　勾午　空白　亥元　得婢力　天后與子臨丑

　　　六巳　子陰　丑土得之大享女人之財

　　　　　丑土作寅財神后來

朱辰卯寅丑后　生寅木得財得即　寅福厚

蛇貴　　寅貴臨卯卯得兄弟

　　　巳

貴力　卯去穿辰以作辰難塍蛇援解之　辰洩巳

火朱助巳火一洩一助半吉半吝。六合來生午火

交易中大得資斧　勾陳助未午火生未一助一生

精力旺巳　龍率大常臨傳送榮華欣欣甚可羨。

天空到酉入辛祿吉也。戌被酉脫不利道路孝服

丑大得女人財力

常戌制亥　元武臨子得偷之力　太陰神后入

得利之丑入寅寅大得利。何太陰來竊取之也。　天

儀度六壬　壬部上　了加丑

壬（陽）

勾（未）申酉戌曰　龍空

貴　六午　亥常　吉。

癸（陰）朱巳　子元

貴　　蛇辰卯寅丑陰

　　　　貴后

后到卯，大利女人之力。

卯穿辰土貴人為仇，大不

二蛇夾辰財氣耗滅

朱雀帶巳貴臨午，午命

交章中大得荐援之美

午火生未土，六木又生午

勾雖沉濡申金，卻喜土田

火逐層生進羨利溥哉

有益，青龍加酉，喜事重重。

戌被酉脫空來救之。

戊土尅亥亦白虎來化難以恩　太常仝壬祿之

亥入子水土仝旺宜也　元子入丑丑得女人偷人

　　　　　　陀貴

丙[陽]　　朱（未）　戊后

貴　　　六（午）　（亥）陰

丁[陰]　勾巳　　（子）元

貴　　龍辰卯寅（丑）常　空白

　　　　　　之力

元子入丑丑得女人偷人

丑土也太常亦土也寅為

青龍之木財利豐厚哉

白虎尅制卯木寅為之饗

俹卯去穿辰木以尅土

天空拒之亦未見美辰

壓巳火青龍尅去辰土巳火透光　勾巳臨午一得

事得大財　未土生申金朱又以火生未土層層生

一失　午火生未土六合又生午火從外生內交易

進事無不吉　蛇來尅酉申能敵之　戌生貴酉酉

作辛山之祿百祿是遵　戌尅亥水后來助亥一得

一失　亥子汪洋之水太陰又來生之可云原泉混

混　丑得子水財利足僥元武又來其得偷力乎

寅雖得丑利而白虎來害寅利中有禍　卯得空利

貴后

財祿大豐　龍卯穿辰吉

貴　　勾辰卯寅丑白

大常文章大著其名　蛇

巳陰　六巳　子常

易中有美利　真雀來生

貴　　朱午　　亥元

氣難免　六合生午火災

事得害　勾辰埋巳火晦

乙陽　蛇未申酉戌陰

生未未生申共步生進

龍空

生未未生申共步生進

貴申臨酉貴人得力

戌生酉酉生后步步生出

戊土尅亥水大陰化土以生水不利申得利　元武

臨神后汪洋大水　丑得子財又得大常吉中加吉。

后　陰

丑空臨寅土田之利得巳

甲（陽）　貴（未）申酉戌元

青龍臨卯大吉利也。

貴　蛇（午）　亥常

卯木穿辰勾陳拒之辰

戊庚　朱（巳）　子白

晦巳火六合去辰以生巳

陰（貴）　六辰卯寅（丑）空

晦氣中有生氣　朱雀到

勾龍

午文明之治文章可立身

蛇午生未雖有驚恐受益多也　貴未到申庚山

利巳。神后臨酉女人作祟　雙陰號戌戌力虛弱

戌土尅亥元武拒之　陰元　亥常臨子食物可利 白　虎生子水以作丑之財丑

六辛　后未申酉戌常　陰　命利矣哉　龍丑臨寅寅人得財得喜

陰貴　貴午　亥 白　勾陳臨卯卯人得土田

蛇巳　子空　六卯穿辰凶險難

朱辰卯寅丑龍　之利　朱雀入巳乘風而起

六勾　言

蛇入午中大有驚恐　貴午生未丁山大利干貴

未生申后脫申一得一失　二陰夾一申比合為

元常　貴　戌生酉酉生元步步

壬陰　陰(未)申酉戌白　生出　戌常尅亥不利喜

貴　后午　亥空　白生亥不大危傾　子水

癸陽　貴巳　子龍　虎來生之為有原之水

貴　蛇辰(卯)(寅)丑勾　丑得子水空土美利

貴　朱六　勾丑入寅土田之利可聯

阡陌。

六合遷宮變易之利大也。卯木穿辰朱雀

飛來化木生土。土轉禍為福。二蛇夾辰驚晦甚焉

巳貴臨午以作丙山祿最為得之　午火生未土神

后來尅午火牝雞司晨可畏哉　未土生申陰來比

申婢妾得力　元武臨酉偷竊難防　酉脫戌常比

戌一得一失　戊土尅亥永白虎化戌以生亥化難

生恩　亥子水太盛空來不甚忌也　子作丑之財

青龍來尅丑喜事中惡有災

此盤

丑加寅作甲干丑貴加寅祿

未加申作庚干未貴加申祿

丑加寅作甲干貴加申

寅加卯作甲干祿加申。

卯加辰作乙干祿加乙

巳加午作丙干祿加丙又作癸干貴加丁

亥加子作壬干祿加壬又作丁干貴加癸、

午加未作丁干祿加丁

未加申作庚干貴加庚

申加酉作庚干祿加庚

酉加戌作辛干祿加辛

子加丑作癸干祿加癸

第三盤子加寅

陰后　子水來生寅木六合加臨。

丙陽　元午未申酉貴　變易大利兼之青龍臨寅。

貴　常巳　戊蛇　飛騰之勢可知　丑勾臨

丁陰　白辰　亥朱　卯土田肥美可驗　寅龍

貴　空卯寅丑子六　臨辰雲騰致雨　巳火得

龍勾　卯木來生雖有天空不足

忌也。午生辰生虎層層生出　二常夾巳火以

儀度六壬選日要訣　午部上　子加寅

生土懷抱之樂妙不勝言　午火尅申金元武制火

以救申　二陰加未由申生外二女得其願也　戌

生申申生后亦從中生出去　亥作丙丁貴今酉貴

來亥二貴相生大美無疑　蛇火生戌土以尅子水

危凶　丑得亥貴爲財得朱雀爲恩神將均大利所

以丑命發富貴　郎無錫用弘中探花四丙申盤也

○寅得子水來生郎有驚悲亦小事耳　卯得丑財，

朱來生丑財原不竭巳　寅六尅辰不利　卯木生

常元

巳火勾陳沉濡或進或退。

貴

青龍臨午天下交明大

勾卯寅[丑][子]蛇

大險　常未臨酉食物大

丁[陽]

龍辰　[亥]貴

來牛利　二虎夾午大凶

貴

空[巳]　戊后

有吉利　巳火生未土空

丙[陰]

白午[未]申[酉]陰

六朱

利　戊生申申生元大洩

陰酉貴人臨亥貴貴兩相交歡

戊尅子后來救。

亥貴臨[丑][丑]人大得貴力

巳(陽)

貴

乙(陰)

貴

六(卯寅丑子)貴

得利

巳火以生未步步生進樂也哉

白常

空午未申(酉)元

龍(巳)　戌(陰)

勾辰　(亥)后

朱蛇

子貴臨寅貴人生我何快

如之　丑作卯之財氣蛇

火來生丑土財源長發

寅尅辰土朱雀火來化木

生土變凶爲吉　卯木生

巳火六合加來變易中大

勾辰晦火不利之極　巳火生未土龍木生

午火尅申金夫空

壬來解厄。

未土生酉金應得道路孝服之財。戍

生申常亦生申申命得救

二元夾一酉金以生水

戍

戍庚　龍午未申酉常　　太陰金來化戍以生子

空白　　亨利無不吉　戍尅子水

陽貴　勾巳　戍元　　丑得亥財神后加臨女力

甲陰　六辰　亥陰　　大有賴焉。

貴　朱卯　寅丑子后　　神后之子來臨寅水大得。

蛇貴　女人生扶之力　貴丑臨

邜得貴人仕宦之財　寅對　辰土蛇來化解　朱邜

臨巳文章貴顯　六辰臨午一瑞一明　巳帶勾陳

加臨未土土田之利固大亨美　青龍帶午入申名

田喜事其寶肆虐　未空臨酉金光爍閃　二虎入

戌虛弱巳極道路孝服之事　可虞　常生酉金以生

亥從外生入亥入人樂哉　戌尅子元　救　亥子丑

財陰來生起亥水財源茂盛

陰金生子水子水生寅木逐　層生進女人婢妾皆來

六辛　勾　未申酉白　籠空

助力。神后生卯以作丑

土之財金帛滿箱。貴人

陽貴

六巳　戌常

朱辰　亥元

蛇卯寅丑子陰

魁辰大肆其壽辛朱雀加

辰子午根本堅固。二蛇

夾卯得其生氣雖得利驚

朱辰到午文明

午尅申勾陳

天下。

六合生巳巳生木福祿天來

恐則大。

青龍入酉喜事大吉

洩火以生金險危中有救援

利

空　申入戍未見亨通　申酉二金全生亥金自

水清其利大盛　戍常入子水厄難免　二元入丑

乙陽　朱　（未申酉）后　　蛇貴

貴　六（巳）　戍陰　　大得偷人之力

巳（唅）　勾辰　（亥）元　　子害生寅常土尅之其利

貴　龍（卯）寅丑子常　　戍　減半　白虎尅卯道路孝

空　　服有凶　寅空尅辰不見

其利　巳得龍卯加臨飛

龍在天利見大人　勾辰

到午蒙晦也　六合木生巳火巳火生未土交易中

大亨其利　未午臨申命大灾坤山巳年則孫來

會貴利不勝言　蛇火生未土未土生酉金大驚恐

中得大利　貴申殘戌乙向則申貴到辛大利　二

水夾酉金白水清　太陰化戌土以生水轉禍為福

二元作丑土之財　汪洋大水但丑邨尅虎洩恐力

弱不能勝瓦

白虎生元武元武生青龍龍吟虎嘯之局利見大人

義度六王選（壬部上）　子加寅

貴后

甲（陽）蛇午（未）（申）（酉）陰　邜得丑空亦取土田之

貴　朱（巳）戌元　利。寅龍尅辰喜事申大

戊庚　六辰（亥）常　不利。勾邜臨巳土田之

陰貴　勾邜寅（丑）（子）白　利甚隹　六辰臨午一得

龍空　章顯名得利　一失　巳帶朱雀入未交

大凶　貴未臨酉酉利庚山尤利　戌生申申生后

重重生去。二陰臨亥　金白水清西廂之月可待

后陰

六辛　貴午未申酉元
子受戊魁元拒之。亥作

陰貴　蛇巳　戊常
丑財大常珥丑亥為盛財。

朱辰　亥白
丑能任之。

六卯寅丑子空
子水生寅木天空來壞之。

勾龍
多遇而不遇。青龍到卯。

大吉利也。二勾夾寅害。

從中生
二六臨巳變易中大得財帛。朱雀乘午。

文章大顯恐犯虛字
二蛇臨未大驚恐大得利

儀度六壬選日要訣　　子加寅

午貴臨申貴人肆害〇未土生酉神后來竊兌土剋

水止終竊不去〇戌逢双洩虛弱大過〇二元夾酉

陰元

后午（未）申（酉）常

金能生水偷兌得力〇常

癸（陽）

戌尅子凶也〇丑得亥財

贵

贵（巳）　戌白

虎又生之財源混混來

壬（陰）

蛇辰　亥空

寅得青龍子水加來青龍

貴

朱卯寅（丑）（子）龍

臨之雲興致雨品物咸亨

六勾

卯得丑為財勾陳拱臨

土四之利足樂

寅尅辰土六合卯尅危哉　卯木

生巳火朱雀乘風而水交章顯名大利　未

巳來生未貴人臨之大得貨力

救援凶中得吉　二陰夾一未懷抱快樂也

生申金申金生元水步步生出　常土生酉金酉金

生亥水步步生入　戌尅子水白虎金來化難生恩

丑得亥財丑旺亥旺利益農厚

六合臨寅交易利益　卯尅丑土為財朱雀來生丑

蛇辰晦午　蛇辰酉金　午來管申神后　戌土

常白

壬(陽)　元午(未)申(酉)空

貴　陰(巳)　戌龍

癸(陰)　后辰　亥勾

貴　貴(卯)寅(丑)子六　蛇朱

土士田之利出自文章

寅尅辰上蛇來化寅庚免

于難卯木生巳火貴人

寶臨大得貴力　辰晦午

火神后加來又尅午火雪

上加之以霜　巳火生未

土陰來窺未見火亦避

午火尅申金危難中元武

來救庚可免害　常未

生酉金食物得火利　二虎

洩戊礙極。空生酉酉生亥層次生進亦云利也

青龍入坎龍遊滄海凶中大吉　丑得亥水爲財勾

陳卯來主田之利豐盈可樂

此盤　酉加亥作丙丁于酉貴加亥貴又作丙于酉

　　貴向巳祿

　卯加巳作壬癸于卯貴加巳貴又作壬于卯貴向

　　亥祿

　亥加丑作丁于貴加癸　巳加未作癸于貴加丁

儀度六壬　不卯上子加寅

子加寅作乙巳于子貴向申貴

午加申作辛子午貴向寅貴又作巳子午祿加貴

丑加卯作甲于貴加甲

未加酉作庚于貴加庚

寅加辰作辛于貴加乙

申加戌作乙于貴加辛

寅加辰作巽貴乾祿加巽

第四盤子加卯

陰后

乙陽	元	巳午未申	貴
貴	常辰	酉蛇	
巳陰	白卯	戊朱	
貴	空寅	丑子亥六	

龍勾

亥水來生寅木六合加臨

交易得利　子貴臨卯祿

之鄉卯命得貴　青龍到

辰元亨利貞　寅生巳火

天空脫巳開闢而巳卯

木生午火白虎燒身得道

路孝服之財　大常臨未四字食物大利　巳火魁

義度六壬　子加卯

義度六壬　卷上　子加卯

申金元武水來救　　元陰

未戌相刑女人受灾

丙陽　常巳午未申后

丁陰　空卯　戌蛇

貴　白辰　酉貴

貴　龍寅丑子亥朱

勾六

二陰夾午巳年得祿乙年為灾

申作乙巳貴入天門生亥

水萬事亨通　酉金生子

水蛇火為財　丑戌相刑

朱雀來救

亥生寅木朱雀鴻寅喜水

以制火文章大顯　二六

夾子生在其中變易大得

利

二勾夾丑土土田亦云得利。二龍生巳火吉

事大起人間　卯能生午空來擾之　白虎臨未洩

氣不取　巳火尅申金危巳太常飛來以土尅火作

恩利也　午火尅酉金元武走來尅去火焰午不爲

害　戌被木刑骨肉有傷姻妾不肖　申后臨亥大

恩出自婦人　酉貴臨子子得貴人之力達巳戌

來刑丑骨肉參商

亥貴臨寅大得貴力甲元又生亥亥力根深領命享

儀度六壬／年邯上子卯邯

貴貴　損　　　　貴　丙陰　貴　丁陽

白常

福

貴人得祿貴而且富　巳火尅申金天空俰救　六寅丑子亥貴　勾卯　龍辰　空巳午未申元

朱蛇　戌后　酉陰

卯得子養蛇來驚之

朱雀乘辰大顯文章之

六寅臨巳巳火得生

變易大利　午火得卯木

大利惜勾陳沉灑其事

二龍臨未大吉之中有瑕

于火係丁祿加臨酉

未來刑戌雖得食物六親

有傷

二元夾一　申金自水清

婢妾大得其力

丑刑戌　女人解和朱雀生丑丑不

二陰帶貴來生子

空白　受困

巳[陽]　龍巳午未[申]常

亥全天后加寅大得女人

貴　勾辰　[酉]元

卯作乙祿子作乙之力

乙[陰]　六[卯]　戌陰

貴子水生卯木貴人之力

貴　朱[寅]丑子亥后

深巳　蛇來生辰竊有驚

蛇貴

恐　寅作巽山貴人朱雀

儀度六壬

乘風在巽方顯文章有用用也

易大利 勾陳來未凝滯無比 龍木生巳火以尅

申金大吉處有大凶 午尅酉空解之 戊未相刑

道路孝服失財 申帶太常加亥利食物大矣 元

酉生貴子水源不竭 戊來刑丑太陰臨之婢妾偷

竊 六巳年子貴加卯用乙卯癸卯日妙午禄加酉

用丁酉辛酉日妙

陰金生亥水亥水生寅木逐層生進大美無比但二

二六並來生午交

龍空

貴	甲陰	陽貴	戌庚
蛇寅丑子亥陰	朱卯　戌元	六辰　酉常	勾巳午未申自
貴后			

蛇夾寅木頭力弱耳　二

后生卯大得女人之力

貴丑臨辰命大得貴力

二蛇夾寅利益甚多驚

恐難免　朱雀帶卯以登

午位天下文明之象　六

合臨未變易失利　巳火尅申金勾陳土來解二賢

之厄　青龍帶午火尅酉吾中大凶　未來刑戌六

親有傷

酉金生子水萬事亨通

二虎來生亥水。江河大通　常土生酉令

戌刑丑丑雖得貴力其如

蛇貴

骨肉相殘何

甲[陽]　朱巳午未申后

亥水生寅木常土尅亥水

貴　六辰　[酉陰]

食物中雖得之必失之

戊庚　勾卯　戌元

虎金生子水子水生卯木

[唵]貴　龍[寅]丑[子]亥常

丁口繁多得道路孝服之

空白

財　辰得貴丑得貴人之

力。龍吟虎嘯金到地戶巳命大有風雲際會 卯

木來生午火勾陳作嗨淹幸午有蛇助　六合臨未

交易申大不利　朱雀螣蛇全入申金大凶　螣蛇

朱雀入酉大凶　未貴加戌刑壞了　申后臨亥大

得女人力　二陰入子三女為後朋比生利　丑祓

戌刑幸得偷力

寅命白虎生元武元武生青龍大吉利寅作六辛貴。

人　子水生卯木天空剋子水牛利　青龍入辰吉

六辛‧蛇巳 午 未申陰

貴后　　中帶吞　寅貴入巽作巽

陰貴　朱辰　　出貴到山土田得利二

　　　酉元　　六入午交易大得財利午

六邪　戌常　　貴命受福　朱雀入太常

勾寅丑子亥酉　交章大有益也　二蛇入

龍空　　申大凶　午貴入酉祿酉

命稍吞午命大富以二六又在午也　未刑戌女人

大受損　申帶太陰入亥二金生木金白水清　元

后陰

癸陽　貴巳午未申元　　大利　戌刑丑凶

貴　　蛇辰　酉常　　　亥生寅木天空來尅亥水

壬陰　朱卯　戌白　　　牛利　青龍帶子入卯陽

貴　　六寅　丑子亥空　和休暢事事如意　勾陳

勾龍　　　　　　　　　入辰得其本位　六合全

寅入巳交易申大獲利　　朱雀飛南離光明遠紹文

明之象　蛇入未宮驚中得利　　巳貴入申巳命大

武帶酉祿入子乙巳年月

儀度六壬　仁部上　子加卯

得財利申命剋凶巳刑申也

不意中得女力　午尅酉金神后解救

未刑戌婢妾得利

元常

王[陽]　陰巳午未申自

貴　后[辰]　酉空

癸[陰]　貴[卯]　戌龍

貴　蛇寅　丑子亥勾

朱六

亥命得偷力。

二元夾一申

大常生酉

金酉金生子水從外生入

其利溥哉　戌刑丑白虎

奸之道路孝服有失

亥水生寅木勾陳害亥水

水不利土受災　六合入

卯還官子水生之變易中大利。朱雀生辰文章大

振 二蛇夾寅大驚恐得大利。卯貴臨午位癸祿

之子在向坐貴向祿。 神后入未得女人之財。巳

火尅申陰來亦不救。 午火尅酉金元武以水制火

凶中得平安。 未刑戌太常無力解。 二虎入亥恩

星重重大美之局。 空生酉酉生子子作癸祿祿食

豐美與亥作壬祿全。 戌刑丑青龍來不能救。

寅作六辛陽貴六合全亥入之大亨。 朱雀入卯文

六辛　元巳(午)未申空　常白

章大著· 蛇入辰驚恐有

(陽)貴　陰辰　(酉)龍　益　貴寅入巳命大得

后(卯)戊勾　貴力　神后生卯木卯木

生午火從上生下午大得

貴(寅)丑(子亥)六　利　陰入未失脱在婢妾

蛇朱　巳火攻申金元武攻巳

以解申厄，午貴臨酉祿酉乘青龍固吉而午貴得

祿尤吉見太常化午以生酉大得利　未刑戌白虎

來道路失脫空生申申生亥亥命大吉　酉金下生

子水青龍游于滄海子命喜氣重重　戌刑丑勾陳

又加凶

此盤　子加卯作乙于子貴加卯祿

午加酉作丁干午祿加酉貴

卯加午作壬向巽丙山癸向貴加丁山

酉加子作丙向巽壬山丁向貴加癸山

子加卯作乙于貴加乙山癸干子祿加卯貴

儀廣六壬　在部上　子加卯

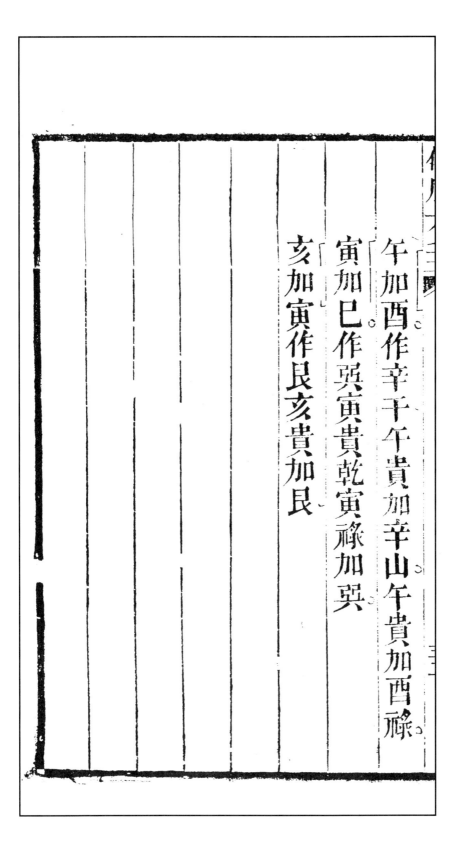

午加酉作辛干午貴加辛山午貴加酉祿

寅加巳作巽寅貴乾寅祿加巽

亥加寅作艮亥貴加艮

第五盤子加辰

甲陽	貴	戊庚	陰貴		
元辰巳午未貴	常卯	白寅	空丑子亥戌六	陰后	
	申蛇	酉朱			龍勾

寅大利交易蒙瓏中得財。

多病身弱以入洩火逢自。

虎也。卯得生氣利土田。

且入未得土財遇太常利。

辰得旺財又得申。

食物。

生尅青龍又吉神加來利。

但龍是木性恐吉中受害。巳火丑土天空主埋

失。

之晦也。午得長生寅木大吉何為白虎剋制生木

而身又入墓庫遭天后侵害也 申得辰土來生雖賊神竊氣有辰

有太常無力也 末土旺耶來剋雖

以制之奈入子洩又遇螣蛇受傷何。二陰夾一巳

巳大利婢力但酉金受傷在外又遇朱雀内外被火

危也 戌土庫旺午火又來生生氣旺巳何為天后 亥司水

來奪火恩女害難免若惧内人則受益也

令貴人末土加來貴人與我為仇且外遇勾陳受土

大累 子得申金來生雖有螣蛇小驚耳 丑被酉

洩似爲不利喜朱雀來生而身又入火鄉遇天空土

貴　　　　元陰　　　　酉不足忌也

乙陽　　常辰巳午未后　寅得土財朱雀來生土利

貴　　白卯　申貴　　加倍 卯得亥生六合又

巳陰　　空寅　酉蛇　　來比助吉但白虎在未尅

貴　　龍丑子亥戌朱　　之往外不利 辰土得旺身

儀度六王　　午郡上　　子卯辰

勾六　　子水財勾陳又來本位身

入生鄉而遇太常重重土助水又得申生富堪敵國。

巳被丑晦龍來撥開祥吉哉。午火寅生空來減

力。未土被卯木尅險也喜白虎來尅制卯兇凶中

得安。申金作賞人辰來生扶又得太常吉土申子

辰三命皆吉。酉金受巳火爐蛇焚之幸元武賊來

救之。戌庫土旺午來生而朱雀又在外生之雖有

婢妾蓄外意不怕作害也。亥水在外受脫未土又

來尅制大為不利天后力薄難救。子得申貴到家

大富大貴榮華極巳　丑被酉脫幸賴蛇制住不致

貴　冨元　肆惡

丙(陽)　白(辰)巳午未(陰)
　　寅驚恐事中大得橫財又

貴　空卯　申后
　　青龍臨身財喜兼得　卯

丁(陰)　龍(寅)　酉貴
　　得亥生朱雀來臨交章價

貴　勾丑子(亥)(戌)蛇　六朱
　　辰得子財奈白虎竊
　　高
　　氣交易中有不足之處

巳火被丑庫勾陳太常並埋之晦巳
午火寅木帶

儀度六壬　午部上　子加辰

青龍來生大吉慶也但元武在外肆虐宜防賊盜

未土卯木肆虐娵妾乘機竊財　申得辰生白虎上

下夾之亦得　酉遭巳火太常加來又得貴人危險

中得貴人吉神救助　戌土內外皆得火力爲何元

武忽來竊發　未土來尅亥水喜未兌受卯制而娵

妾于中和觧惡力輕矣　子爲天后本位上下夾申

金大利哉女人尤得福　丑得貴人升堂雖酉金脫

土氣而身入火宮得生又帶勾陳土星本體旺巳

空白

寅得天后爲恩得戌土爲

丁陽　龍辰巳午未常

財恩財並得富與貴宜巳

貴　勾卯

亥仁貴人臨卯生之勾

丙陰　六寅　申元　酉陰

陳又加卯身財豐祿厚數

貴

巳定也　辰得子財朦蛇

朱丑子亥戌后　蛇貴

火臨驚恐中大得資財

午位二木生一火火生坒得交易大財又得道路孝

朱雀臨巳火丑則得利巳却被剋　六合加寅以臨

服中財　未貧卯富幸勾陳太常二土扶救　辰龍

也青龍龍也二龍臨申有天申之光榮施多多也

巳尅酉空來洩火以生金和解矣　戌得午为虎金

為財加來深得其宜也　常未兩土尅亥危也　子

得申金元水相夾其得偷人之力乎　酉金太陰二

陰加脱巳在家不不利往外東南方得文書人扶持之

力也

寅木得戌為財太陰金盜戌土與寅木作難利中不

龍空　利。亥水也天后水也卯

巳（陽）　勾辰巳午（未）（白）　又六合加身身旺印授又

貴　六卯　（申）常　旺利疾哉　子作貴人臨

乙（陰）　朱寅　酉元　辰作辰之財財皆得之貴

貴　蛇丑（子）亥戌陰　貴后　人乎　二蛇夾丑丑利巳

不利　幸青龍加巳驚恐中

有吉利　午為朱雀本位仝寅加午定文章華國名

聞天下　六合仝卯加未未命盡巳　申金辰土來

儀度六壬　午部上　子加辰

生勾陳土又加來生而重生吉無不利　酉金怕巳

煞來尅何為青龍又來生巳煞　戌喜午火天空臨

得半　尅亥水白虎金來脫土以生水　申以金

巳哉　丑脫子酉又脫于元重重脫去不利

生子水太常又以土生申金以生子水重重生來利

寅木得戌土為財太常勾陳又加寅土田之利薄也

哉　白虎金生亥水以生卯木重重生進利巳哉

辰得水財空來止得半利而朱雀加辰則又强也

六辛　　蛇貴
丑土掩埋巳火喜龍來撥

(陰)貴　朱(辰)巳(午)未后
開晦土　勾陳加寅臨午

六邜　　申陰
得土田之利　六邜加未

勾(寅)　酉元
未危夬　朱雀生辰土辰

空白
雙蛇尅酉金酉危巳

(龍)丑子(亥)戌常
土生申金重重生進吉也

戊得貴午加臨貴人力大
未土為害于亥天后助

亥以敵之　太陰加申以臨子得美姬之力也　元

貴后

癸（陽）　蛇（辰）　巳　午　未　陰
貴　　朱（卯）　（申）元
壬（陰）　六（寅）　酉　常
貴　　勾　丑　子　亥　戌　白
龍　空

脫酉酉脫丑重重脫出

午作辛貴寅作辛貴入午

水生火大利

寅得戌利白虎來作祟

卯喜亥水天空來壞之

辰得子財青龍得水生大

陳來　午火寅木來生六合又木來生交易之利大

吉中稍有作難處木來尅土也　巳大忌丑何又勾

也　卯害未土朱雀來化難生恩　申大驚恐申得

利　貴巳尅酉上官為害　戌得午生天后為害減

力　亥畏未尅太陰金來化難生恩　子得申恩亦

得偷力　丑喜太常終忌酉洩　卯為壬貴亥為壬

祿以祿加貴水木相生極美何為天空作崇耶

寅得青龍為歸本位而帶戌土為財吉哉　卯作貴

人亥水生之勾陳加來作卯之財是得土田之利者

辰得水利六合交易吉星但合木辰土恐交易中

陰元

壬陽

后辰　巳午未常

貴卯　　　申白

癸陰　蛇寅　　酉空

貴　朱丑子亥戌龍

　　六勾

固

有愛損之處　朱雀臨巳

得地但見丑土巳定受晦

午火得寅木生螣蛇加

臨未免有驚恐也　未土

也貴卯臨之上人大不利

于我幸太常在未立身堅

申得辰土爲生天后窺竊辰龍制之敢不服從

二陰夾一巳巳得桃夭之好佳矣哉　戌得午生

元武來害我午而元水戌土終爲我取　未常勾陳

三土尅亥亥危矣　二虎臨子美利從湧威中得

元常　空酉來脫土丑丑力微弱

六辛　喜朱雀加臨丑身弱中得

陽貴　后卯　申空　生　卯作壬貴亥作壬祿

陰辰巳午未白

貴寅　酉龍　祿來生貴惜受勾陳之害

蛇丑子亥戌勾　○寅得土財爲大仕宦且得

朱六　美食物　卯利交易亦云

有力　辰得子財朱雀又來生辰文章中大得財帛

兩蛇夾一丑沉滯最大且受元武尅制難巳哉

貴人臨午榮華富貴　未受卯難而天后水生卯難

星得勢未困深巳　申得辰生又生婢妾有女如王

酉被巳火元武來救　戌得火生太常加臨貴人

大享其福　亥被未制白虎洩未以生亥水困厄稍

解　申金生子水生申金者雖云天空亦得半土之

力　丑土上下皆蛇沉滯中得火力今又青龍加在

西金之上有喜事而丑不受尅　午作辛陰貴寅作

辛陽貴陽貴入陰貴不以生火午命大美

貴	甲陰	陽貴	戊庚		
貴丑子亥戌六	后寅	陰卯	元辰巳午未空	常白	寅變易中得土財又女人
蛇朱	酉勾	申龍		陰助之	卯得弱亥來生
被土埋貴人大不得力	辰得水財大旺驚恐中大	朱雀加臨日角似不免			
有利益並得偷力　巳火					

午火寅木生之天后又以水生本以生火重重生進。

女人寅木有力其得諸道路孝服中財平 未土受

卯木尅制太陰加來娵妾爲主禦侮凶力稍解 中

得辰土來生元窺伺而身帶青龍盜賊不能偸也。

酉破巳燒而太常勾陳兩土臨之難中得吉 戌土

得午火而午火又得天后水生寅甲木以生午火來

生戌土道路孝服中所得大利 天空未土兩重土

來尅亥水亥又受脱于卯本身弱而土難重險哉

青龍臨申以生子水吉慶自天來 酉金來脫丑幸

勾陳來助丑丑又作貴人入火恩之地脫力輕巳

巳作戊祿丑作戊貴貴入祿鄉得火生土丑命大吉

此盤

申加子作乙巳干申貴加子貴

寅加午作辛干寅貴加午貴

未加亥作甲戊庚干貴加乾山

丑加巳作戊干丑貴加巳祿

亥加卯作壬干亥祿加卯貴

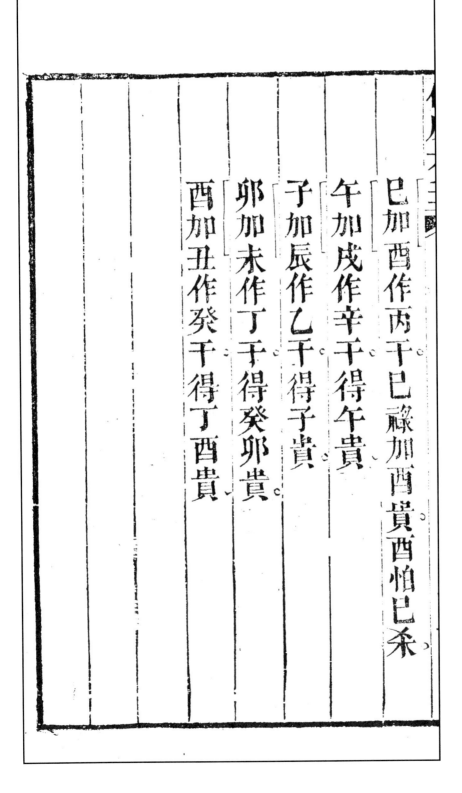

巳加酉作丙干巳祿加酉貴酉怕巳杀。

午加戌作辛干得午貴。

子加辰作乙干得子貴。

卯加未作丁干得癸卯貴。

酉加丑作癸干得丁酉貴。

第六盤子加巳

陰后

寅雖變易有利。奈酉金作難爲忌。若在外鄉別太常

六辛　元卯〔辰〕巳〔午〕貴

陰貴　常寅

末蛇　臨身利于食物。終忌旺酉。

白丑　申朱　戌土臨卯作財。又得與

空子　亥〔戌〕酉六　合。土田大利。　辰得亥水

龍勾　爲財最喜青龍吉星亦宜

見。終係木性。須防吉申有咎。巳被水尅大凶天空

儀度六壬　午部下　子加巳

土來稍解　午火丑來洩白虎又洩丑丑命得火雖

利午則傷巳　寅能制未常來此未未入財鄉得火

生狀利外不利家　申得作財元武又來生卯財

源滾滾　双陰夾辰大利酉命且酉得六合平財鄉

財帛如意二陰得力有美婢妾　戌土巳火來生最

得力為何天后來害巳火女人作祟　亥水貴午加

臨大得帛帛出于仕宦青龍効用　喜氣重重　子水

未土來害而又蛇來助未為禍深巳　丑土金來洩

氣。申命大利。朱雀制申生丑丑稱利而終脫。酉作

歲祿尅歲貴之寅應得福祿而多疾病酉命則得財

儀度六壬〔卷〕部下　子卯巳

元陰　得貴應大富大貴

甲〔陽〕常〔卯〕〔辰〕〔巳〕〔午〕后　寅木酉金來為禍幸朱雀

貴　白〔寅〕未貴　飛來禍雖減輕然白虎臨

戊庚　空丑〔申〕蛇　身禍終不免　卯合戌財

〔陰〕貴　龍子〔亥〕〔戌〕酉朱　加以六合湊巧變易大利

勾六　辰得亥財勾陳回家大

利土田　巳火子水來制誰想青龍加來洩水以生

火化難生恩凶中轉吉　午在外受制而天空丑双

來盜氣不利哉　未作貴人在甲年寅祿來會最美

白虎制寅以尅未亦得　申得卯財卯又得財今太

常土又來生申作卯財之財財氣盛矣　酉金與辰

土合生氣大好元武雖來竊取辰土能制不大洩也

戌土巳火來生大得意太陰雖偷竊見巳火不敢

放肆　亥利午為財天后加臨大得女子輔助之力

貴未尅制子水大凶若在未年獄上朝廷、申盜

丑氣幸蛇來生扶又入火宮空土比劼不遇洩巳

	常元	
乙陽	白卯辰巳午陰	然丑作庚歲貴得庚祿申
貴	空寅 未后	來生之亦利申以歲祿入
巳陰	龍丑 申貴	歲貴丑土生之應大貴顯
貴	子亥戌酉蛇	酉作寅害蛇來制之爲食
	勾 六朱	神制柔但酉得辰土太常
		其力甚強 卯合戌土爲

財戊又得巳火生助財固足巳而朱雀又來生戊財

何茂也　辰得亥財甚美殊六合加來洩亥以尅辰

交易中不利　子水來尅巳火勾陳來制亦可。但元

武又臨巳丙外交攻　午火被丑土掩光喜青龍飛

來尅破丑土透出火光晦氣中得大發揚　未被寅

困空來不能扶助　二白夾一卯財自家中生　辰

土來合酉金太常又來助之恩上加恩。巳火作戊

士恩元武來破恩火偷兒宜防之　亥水得午火之

財而太陰又來生亥。亥之精神足巳。　未土尅子水。

天后來救子女人之力可用。　丑被申竊氣苦也喜。

白常				貴人升堂大有喜色申命
丙陽	空卯辰巳午元			大利。
貴	龍寅	未陰		酉貴作寅難不利喜青龍
丁陰	勾丑	申后		加寅或兔大難　卯合戌
貴	六子亥戌酉貴			財騰蛇飛來大驚恐中得
	朱蛇		大財帛	辰得亥財財宜

豐厚朱雀又助辰土精神得文章中之財帛乎子

尅巳火巳危急矣六合本來生起巳火化難生恩交

易中有大利　午火丑土勾陳重來晦而且各元武

加午內外受敵　寅尅未土青龍加寅霅上加霜名

曰喜慶其實害之　申得卯財六神空亾雖云半利

然亦吉也　白虎臨酉得西方正神道路孝服中有

利益。　戌得巳生又遇蛇火又遇太常土利也哉

亥得午財元武來分之盜賊宜防　未與子作難太

陰走來為之解利

丑土生申金申金生后水層層

生出喜丑入午為勾陳相比為稍利耳　亥作丁貴

午作丁祿入亥亥得祿而

龍空

貴

丙陰　勾卯辰巳午酉　富貴

貴　六寅　未常　寅受酉害二婢雙來為禍

丁　朱丑　申元　家中女禍紛紛速往外行

丁陽　蛇子亥戌酉陰　貿易之事　卯合戌財天

貴　貴后　后來臨女人之力可助我

神　貴亥臨辰仕宦大得資斧且青龍臨辰喜事重

重　兩蛇夾一子大驚恐中生害　朱雀入午本位

丑晦稍輕　寅尅未土六合又加寅强盜添上强盜

中得邜財勾陳又來生申申之精神足土田之利

皁巳　酉合辰生青龍加臨喜事盈庭況又太陰比

助　巳來生戌天空加臨止得其半　亥宮白虎來

助元武得道路孝服中偷盜之財　常未齊尅子凶

丑生申申生元層層生出財帛出自偷兒手中

元武之亥白虎來生之午祿加來福祿永錫

丙賜丁陰盤會羣一午山子向地胡來章曰榮主丑

命到山午火生之應發財但命在金局入火鄉又宜

生病果然羣不一年生瘧三年將好忽得千金不過

五六年復行消盡夫得財以人生鄉之故不數年消

盡以丑宮逐層生出二件人亦易斷但以金局命八

火鄉生病人所難斷述此以爲日後斷法先看坐山

神將次看向上神將方看各宮本位。

蛇貴、

癸陽
朱卯辰巳午后
常黨酉凶以尅害寅外鄉

貴
六寅
未陰
變易兔凶 卯合戌財道
路孝服中失之 辰得亥

壬陰
勾丑
申元
水爲財天空加來得半之

貴
龍子亥戌酉常
道也 子肆舞于巳青龍

空白
飛來解子毒而生巳命凶

中大吉
丑勾仝掩午光天后又挾制午亦危哉

六寅仝尅破未土凶也
申得卯財誰想卯叛而生

朱雀以害申入為財死耶　　螣蛇加辰以合酉大驚

恐大生利　　巳貴臨戌戌得仕官之力　　天后臨午

到亥大得女人比助之力　　未尅子水太陰解和

化難生恩　　丑生申申生元雖層次生出然元作丑

財矢脫中反得偷兒之財

巳作癸貴青龍加癸祿之子入巳祿貴相生

空生西西尅寅寅又破蛇脫澳不利　　卯合戌財青

龍加來此助卯卯本喜事盈盈　　亥作辰財勾陳來歸

壬陽

后陰　木位土田之利廣大。六。

貴卯辰巳午元　合木來洩子水以生巳火。

蛇寅　未常　化難生恩　丑晦午火午

朱丑　申白　為朱雀本位來臨文光發

癸陰

貴　六子亥戌酉空　現午利而丑土得朱火生

勾龍　尤大利　寅尅未土蛇來

化木生土亦吉　貴卯臨申大得仕寅資斧　辰土

合生酉金天后加辰竊取酉資見辰退縮不肆。巳

火生戌土太陰來亦洩戌土然金見火自救之不職

敢竊人乎　双武夾午得財不正偷技必用　常未

六辛　后卯 辰巳 午常　陰元　二土仝尅子水凶　申白

陽貴　貴寅　未白　二金偷洩丑土喜朱雀加

蛇丑　申空　丑以生之不至極凶　巳

朱子亥 戌酉龍 之　貴火子祿帶六合木以生

六勾　得勢之酉害寅害青龍來

儀度六壬〈壬部下〉〈子加巳八

家大凶事申有大吉。 勾陳仝戌加卯土田大利。

六合加亥入辰交易中失利 朱雀入蛇子水難解

其厄 蛇丑八午平平 貴寅尅未不可見大人

卯作申財申得資斧而天后又來生卯財源混混如

蒙泉 二陰夾辰美姫得力 戌土以巳火爲恩元

武來尅制巳火恩難恃巳偷兒宜防 亥財在午太

常洩午之氣疑食物之事破財生害 未土尅子水

白虎生子水化難生恩 丑被金脫空亦難救

寅作辛日貴青龍加來得勢酉作辛日祿來臨大吉

元常　　　　　　　　　　酉力壯至矣

戊庚　陰卯辰巳午白　　勾土生酉金酉金尅寅木

陽貴　后寅　未空　　寇盜橫行若之何也　六

甲陰　貴丑　申龍　　合本位在卯上下夾戌

貴　蛇子亥戌酉勾　　財爻易大利　辰得亥財

朱六　　朱雀加來交章聞名天下

双蛇夾子難也　貴丑臨午丑命大得生氣功名

順利　寅作未難后又生寅以助難星凶也　卯作

申財太陰加卯　大得婢女之力　酉得辰合元武來

竊酉金辰能制之　巳生戌土常又助戌土易自吉

無不利　白虎來生元武偷見在道路孝服得財

空與未全尅子水凶　丑被申脫青龍來尅丑申能

禦侮反得申力庚日則丑作貴申作祿祿貴相生為

大吉也

酉金尅寅木六　合來扶寅𧹞吉殊太陰又尅寅凶

巳陽　　常白

元卯辰巳午空　　郯合戌財朱雀又來生戌

貴　陰寅　未龍　　我財得生生不巳乎辰

乙陰　后丑　申勾　　恐中得大利　貴子臨巳

貴　貴子亥戌酉六　蛇朱　　火被水尅毋見大人　后

水丑土交來肆虐午火

寅尅未土太陰來尅寅稍解其厄　郯作申財元武

水又來生郯木財源得生與郯宮得朱雀生戌財金

妙

酉金也辰土也來與之合太常土又加來生上

添生利益重重　巳火生戌土而自虎加來恐道路

孝服申失脫　亥水得午財天空來減去　龍游澮

海未土見之而畏避子難得舒矣　申脫丑土勾陳

又來生申毋解于丑難　此盤

午加亥作丁干祿加亥　　子加巳作癸干祿加巳貴

申加丑作庚干祿加丑貴　寅加未作甲干祿加未貴

酉加寅作辛干祿加寅貴　卯加申作乙干祿加申貴

第七盤子加午

貴

陰后　　申尅寅六也不能救　酉

壬[陰]　元寅卯辰巳貴　尅卯勾又來功酉之惡

貴　常[丑]　午蛇　戌沖辰庫開巳青龍又來

癸[陽]　白子　未朱　作喜　亥尅巳火尅來止

貴　空亥戌酉申六　亥毒　子尅午白虎文功

未必有利　龍勾　虎威　丑刑未太常來亦

元武生寅作申之財申又得六合加臨

儀度六壬　左部下　子加午　二

金玉滿筐　二陰加卯婢妾得財而康寧　辰冲戌

庫神后來臨利云溥哉　亥得巳貴以地戸登天門

六辛　常寅卯辰巳后　吉無不利　蛇午八子午

元陰　命不吉子命大得財帛

陰貴　白丑　午貴　未開丑庫朱雀來生文章

空子　未蛇　大利

龍亥戌酉申朱　寅被申困朱雀制申以救

勾六　寅　卯被酉困六合還位

以助卯。戊開辰庫勾陳還家土田得利。亥以水

尅巳火青龍以木洩亥水以生巳火大凶中得火利

子水尅午火天空加來以制子水　丑開未庫自

虎來道路失脫　寅帶太常入申寅作申財太常生

申財氣大旺　酉得卯財元武生卯以增酉財財利

大哉　辰開戌庫太陰加臨婢妾偷竊乘間而來

巳火作亥水之財神后又來助亥大得女人之力

貴午入子子得水火既濟之卦一陽解凍和氣大美

未開丑庫蛇來加臨。大驚中得大利

甲陽　白寅卯辰巳陰　　人自有惡人磨寅得稍安

常元　　　中來制寅蛇又來制申惡

貴　空丑　午后　　雀以制金文章大顯戌

朱卯　　朱雀尅酉酉尅卯木得辰

戊庚　龍子　未貴　　開辰庫六合來變易中大

陰貴　勾亥戌酉申蛇　　失其利　亥以水肆凶于

六朱

巳　喜勾陳以土來制亥　　惡人敢放肆乎　午得子水

以制火而青龍加來得水生木以生火龍爲佳美喜諆

丑貴來會未貴丑命得比助大得貴人

寅以爲財道路孝服中有美利

又來生酉長金精神大亨無不利

加臨應得偷力

勝財大得利

火而相濟子命大利

丑未入命大得貴力

巳作亥財太陰金又來生亥力能

二后夾午一陽解凍冬至子半水得

未貴墮丑貴之堂丑未山向

卯作酉財而太常

辰開戌庫元武

二虎夾

子後夾午

貴

乙（陽）空（寅）卯辰（巳）元

巳（陰）勾子　　（未）后

貴　龍（丑）　午（陰）

貴　六（亥戌）酉申貴

白常

朱蛇

申貴加寅寅受貴人大害

申命入財鄉財利大旺

酉金尅卯木蛇來制酉金

戌開辰庫朱

凶禍減輕

崔來生文章大顯登科及

亥水害巳火六合木

第　亥

子加午水來尅

丑刑未青龍來喜事

來脫水以生火交易申大得資財

火喜勾陳土以制水禍減輕

中大害　寅來作申財天空上來生申貴之金大得

其利

酉得卯木之財白虎加來道路孝服申有利

丙陽　龍寅卯辰巳常　食物大利　二元夾巳財

空白　　辰開戌庫太常來助喜

貴　勾丑午元　偷兒得力　午火來濟坎

丁陰　六子未陰　水水火既濟太陰又來生

貴　朱亥戌申后　坎水姤妾得力　未來刑　未來生

貴　蛇貴　丑神后臨之女人危殆

儀度六壬　午部下　子加午

申金尅寅木。神后加臨得金以生水。水以生木大凶

申得女人解免　酉貴肆毒于卯凶難解　戌開辰

庫蛇來生辰土事無不利　亥尅巳火朱雀來助巳

敵亥　子水尅午火六合加臨得水以生木木生火。

大凶申交易得利　丑刑未勾陳來淹滯大困　青

龍加申申命喜事重重　酉得卯為財空土來生酉

金亦云得利　辰開戌庫。自虎來道路失脫　巳火

作亥財常來尅亥脫巳利　申不利　离火來濟坎水

貴后

子陽　蛇寅卯辰巳陰

貴　未丑

癸陰　六子

貴　午　元

未　常

勾亥戌酉申白

龍空

元武加臨水盛哉　未來

刑丑姆妾于申偷竊

二白臨寅凶而又凶　天

空動酉金尅卯木大凶

戊開辰庫青龍來喜事中

有晦吝　亥水尅巳火勾

子水尅午火六

陳土來加亥上以制水凶申得安　子水尅午火六

合加來得水生木木生火爲水火既濟大利交易之

財　丑刑未朱雀和解是非塲申得利、寅作申財、

蛇來害申利申有害　卯貴臨酉酉命得貴人之財、

后陰　辰開戌庫神后加臨得

六辛　貴(寅)(卯)(辰)(巳)元　女人之財、亥得巳財又、

蛇丑　午常　得太陰來生財氣大旺、

(陽)貴　朱(子)　未日　離火來濟坎水元武又屈

六(亥)戌酉申空　正位子命大利　未來刑

勾龍　丑太常和全稱得平安

空生申申尅寅大凶　　酉尅卯青龍來救卯用喜兒

爨　戌開辰庫勾陳來多沉滯　　亥水尅巳火六合

木來化水生火變易中大得利　　午火作朱雀本家

回來則水不爲難而反得相濟之功　　丑來刑未驚

恐中稍利　寅貴臨申得貴人財力　　卯作酉財

神后生卯財氣從女人之力得來　辰開戌庫大陰

來編得中有失　二元夾巳火財氣浩大　坎水得

午火相濟常來作難防食物之事有來　未夾刑丑

⊙申陰　　　陰元

后寅卯辰巳常

白虎孝服來不利。

貴
貴丑
午白

青龍加寅似吉而申金加
來吉凶相半

戊庚
蛇子
未空

以尅卯大凶　戌開辰庫

⊡陽貴
朱亥戌酉申龍

六合加臨變易申失稅

六勾

朱雀來助巳火以拒亥水

蛇來助午火以敵子水夏月得相濟之功

未二貴相會大利　貴丑臨

寅加申作申財神后又來生寅

財加數倍　卯辰罰財太陰加來助酉得婢妾大力

辰開戌庫元武八之大得偷力　常洩巳火以尅

亥水少利。　午作子財虎爻來生子水火相濟　未

貴來會丑貴大得貴力　全州捕聽戌辰兼巽洩氣

不利大堂後二堂蘚可造正堂癸山丁向生坤氣盛

妙在適逢巳亥年歲祿在午歲貴在子正月十五喜

得戌子日太陽在亥用巳時得逐吟三傳午子午午

祿加子貴子貴加午祿太歲山向祿貴全發動妙巳

儀度六壬（在部下　子卯午

尤妙者造主戈寅命與戌子日夾丑貴合子貴于丁

向冲未貴合午祿于癸山而又申作歲實帶青龍入

寅命寅作本命帶天后入申貴青龍扶寅夾后生寅

申貴春金不能害旺寅貴人來尅得龍后救援大吉

又朧蛇加午助向火白虎加子坐坐水種種得利卯

此哉

申尅寅勾陳加申毒上加毒大凶　酉尅卯六合還

宮身扶卯必無凶　戌開辰庫朱雀來生文章大顯

元常　其名

乙[陰]

陰寅卯[辰][巳]白　　二蛇夾亥大受害

貴[陽]　虎大驚恐　貴子臨午得

巳[陽]　后丑　午空　水火相濟貴人八有力丑

貴子　未龍　開未庫神后加來大得女

貴　蛇亥[戌]酉申勾　入之財　申得寅財太陰

未六　加寅婢妾得力處亦有遺

失　酉得卯財元武又來生卯之財財源大巳辰

開戌庫大常臨之艮物大利　巳作亥財自虎作巳

財來生亥水吉罪中又吉　午濟坎水空來肆害

未開丑庫青龍乘之吉凶雜見　已亥年前十二月

十六已未日午正三刻立春此時太陽在子貴正到

午丁廣酉藩司午丁雙向求　王公登公座如新上

住儀伏主大得　聖天子眷顧寵榮向上得歲祿坐

山得歲實午正三刻太陽帶山貴加祿向午祿向正

到子貴山太歲祿貴在山向而太陽沖臨之吉事大

已。

常曰　申尅寅六合助寅以敵申。

丙陰　元寅卯辰巳空　吉凶相半。酉尅卯朱雀

貴　陰丑　午龍　尅酉以制其凶又章有益。

丁陽　后子　未勾　戌開辰庫蛇來生之驚。

貴　貴亥戌酉申六　恐巾有利　貴亥祿巳相

　　蛇朱　尅也丙貴在亥祿巳作貴

來會祿又大吉也。　二后臨午不相濟而相尅女人

懷毒　丑開未庫太陰窺伺俾妾有二心。寅臨申

位以作財元武生寅以益之財利大倍于壽常。邜

作酉財太常生酉食物事大利。亥作丙貴巳作丙祿祿來加貴貴人得。辰開戌庫白虎來

道路失脫

祿祿厚巳惜空來尅亥美中不足。龍游滄海青龍

生午火以濟坎水吉事中得利。未開丑庫足免晦

滯而勾陳來臨晦滯仍多。

此盤　午加子作丁干祿加癸巳干祿午加子貴

　　子加午作癸干祿加丁巳于貴子加午祿

丑加未作戊庚午。丑貴入甲壬未貴。

未加丑作甲壬。未貴入戊庚壬丑貴

巳加亥作丙壬。亥貴加壬

亥加巳作壬壬祿。加巳貴加丙。

寅加申作甲壬祿。加庚向。

申加寅作庚壬祿。加甲向。

卯加酉作乙壬祿。加辛。

酉加卯作辛壬祿。加乙。

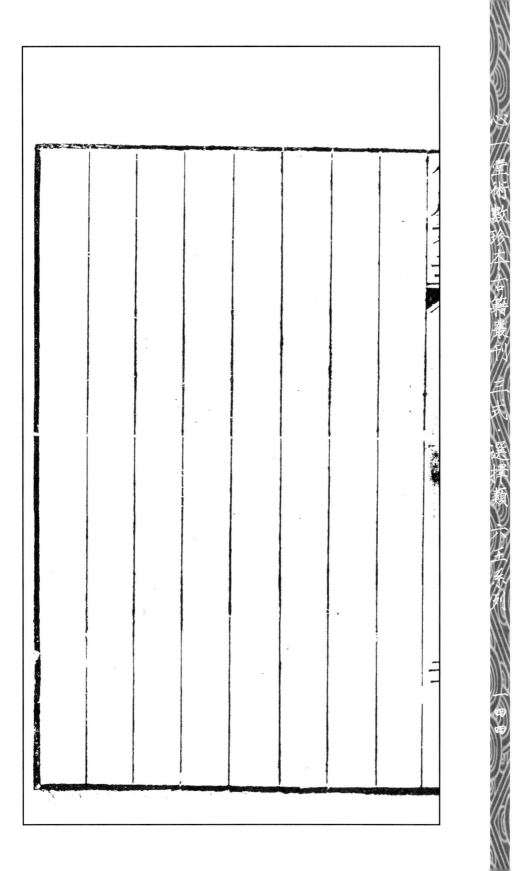

第八盤子加未

元陰

貴	龍戌酉申未朱	勾六
壬陰	空亥	午蛇
貴	白子	巳貴
癸陽	常丑寅卯辰后

寅得未財朱來生未財財
帛得之交章乎　申作卯
之八殺六合還宮亦不能
敢申凶　二勾夾酉和合
中失脫　戌瑞巳火凡事
蒙蔽青龍飛來撥開吉巳
亥作離之八殺凶雖有天空制亥無能也　虎金

生子水入未未財長而不竭　丑土生申金太常又

生申命之財旺相巳極　酉得寅作財大利元武

叉生寅木財源茂盛　卯與戌合合中帶殺陰來解

和　辰尅亥水亥郎壬左巳右卯二貴夾之神后助

壬亥亦利　巳貴入子作壬山貴又子作癸祿巳貴

加子祿祿貴大亨　蛇午二火生丑　丑土為樂郊巳

寅得未土為財蛇火又生未土財氣不竭　申作卯

之八殺其凶最大亨朱雀火來制申不至大凶　辰

常元

六辛　白丑寅卯辰陰
陰貴　空子　巳后
　　　龍亥　午貴
勾戌酉申未蛇

酉相合六合加臨合而不

合　勾陳與戌閉掩巳火。

亥作午之八殺大凶青

龍飛來化殺為印大得吉

利。　子作未財天空助未。

章內美　六朱

太常生酉祿寅貴作酉財吉無不利。　卯

財亦云吉　二虎夾丑含

與戌合　合中帶殺元武水文生助卯殺以本黨之人

儀度六壬（選）在部下　子卯未

而為寇。仇且以我家奴僕而反助外人。可恨可恨。

辰尅亥水不利。太陰加來化殺為恩凶中大吉。　二

甲[陽]　　　　　　　白常

空[丑][寅]卯辰元

后夾巳財帛在抱女人大

得力。午火生丑土貴人。

貴　　龍子　　巳[陰]

墮堂大得貴力。

寅作甲祿未貴加臨貴人

戊庚　　勾亥　　午后

陰[貴]　　六戊酉申[未]貴

得祿未命主貴寅命貴而

且富　申作庚祿正甲為

朱蛇

庚山祿到向稍偏邪郎為人殺　辰酉相合朱雀生

辰文章大顯其名　六合剖開戊庫透出巳火光稍

解之。亥作午殺勾陳來尅制亥殺其凶減輕子

作未財出生青龍未免吉中受害　天空與丑生申

金申作庚祿丑作庚貴庚山甲向作貴來合祿寅

作酉財白虎來道路失脫　邪與戌合外和內不和

太常加來戌得稍安　二元夾一辰中心多憂患,

巳作戊祿加子作壬山貴子命六利　午火生丑土。

乙陽　龍丑寅卯辰常

貴　勾子

巳陰　六亥

貴　朱戌酉申未后

空白

巳元

午陰

蛇貴

神后尅午火一得一失

未作寅財神后生寅大得

卯作乙祿申作乙

貴貴來會祿固云隹美而

申終為卯殺不免所忌正

甲山可也　酉與辰合蛇

來生辰一洩一生平平無奇　朱雀乘風于巽巳巳

遭我壓剋大得交明之樂　亥作午八殺六合來解

水難以生火亦得也　子作未財勾陳助未土田之

利茂巳哉　丑土生申金乙巳貴人青龍又來作財

利旦喜兼敗。　酉得寅財天空生酉軍並亨逼郊

與戌合心不盡合自虎加來尅郊得失相半　辰常

尅亥大凶　元武與巳加子亦得偷力　午生丑土

太陰窺竊婢妾宜防、

未土生太陰太陰尅寅木婢妾作祟。　申作郊八殺。

凶不可言神后怱來化尖生恩凶中有吉　酉貴合

龍空

丙[陽]　勾丑寅卯辰白

辰貴人得意肆志況青龍

又在酉　二蛇夾戌晦氣

貴　六子

亥作午八殺朱雀來甚

丁[陰]　朱亥　午元

好恐以文章害命乎　丁子

貴

作未財六合加來交易中

蛇戌[酉]申未陰　貴后

大受其禍　勾丑臨申土

田之事得利　寅帶青龍人貴人之酉酉命佳美不

可勝言　郎與戌合天空來無益　辰土尅亥白虎

來化辰以生亥凶甲有吉。　巳祿作子財常來尅子

一得一失　午火生丑土元武尅午火偸見竊爲害

廣酉興安彭上九葦親化命庚辰癸主乙巳

甲戌　　壬子戊午辛酉　甲山庚向丑未加寅申作

丙子　　山貴到山向貴到向合庚辰化命　巳命二

丙辰　　蛇夾戌戌爲火庫多脯豪果然　午兒亥煞

丙申　　果生病有朱雀遏位不死　巳作月日時三

丙祿元加子命太常或吉將壬子上九命甲

年都下　子卯未

午中式　酉命得甲歲嫁寅加三酉土又得青龍邜

酉科決中。

子酉二命皆利酉子命先發者以子

命發甲三傳也酉命不穢

蛇寅

傳所以遲之

未常亦作寅財財甚得利
　　寅

卯忌申殺虎來助虎大
　卯
　辰

王（陽）　朱丑寅邜辰后

貴　六子　巳陰

癸（陰）　勾亥　午元

貴　龍戌酉申未常

凶。　酉與辰合空來助辰

貴　空白

亦得和寧之樂　戌順巳

夾青龍撥開火光透出亦云獪利

力能制亥午得保全　子水生起六合以害未我之　亦作午殺列嶼

奴僕反向我之仇人轉求肆毒天理人情全無

省生丑土丑土生申金以我之仇敵反作我之恩人

樂也哉　寅木到酉蛇火到酉得利申中大失利

貴到戌貴人害我貌和心不和

援之　巳為財陰為即子命得其利巳

土元武尅午火大受偷人之禍　辰尅亥水神后救　午火生丑

六辛

貫后

未作寅財自虎來稿土氣

蛇（丑寅卯辰陰）　以害寅得利申有大害

陽貴

朱（子）　巳元　申尅卯空助申惡人有力

六（亥）　（午）常　大凶　辰酉相合青龍來

勾戌酉申未白　喜事盈盈　勾戌掩巳光

龍空　晦氣　亥作午八殺六合

加來化難生恩爻易申大利　子作未財朱雀又來

生未財印兼全事無不利　蛇生丑丑生申申又居

財地逢恩利何如之

寅貴入酉祿祿又遇青龍子

卯與戌合而實尅之神后又生

卯奮肩諂笑之女人陰助

辰易日吉無不利。

后陰

甲(陰)　貴(丑)(寅)卯辰元　害戌情亦險哉　辰土尅

貴　蛇(子)　巳常　亥水陰金化土以生水婢　妾大得力　元巳入子財

戊庚　朱亥　午白　午火生丑土太

陽貴　六戊酉申未空　利亨通　勾龍　常又助丑力大得意事

儀度六壬卷三　仕部下　子卯辰未

寅作甲祿未作甲貴入寅祿貴相會官資定饒厚。

申作庚祿甲向甲山利卯犯八殺凶　辰酉相合勾

陳還宮大得土田之利　戊晦巳火六合摵開変易

中大得利　亥作午尺殺朱雀歸家救援　未得子

財蛇來生未驚恐中大得利　申作庚祿丑作庚貴

貴祿相生仕官大得資財　寅作甲祿入酉庚天后

又生寅祿酉利庚甲山向尤利　卯尅戊陰來尅卯。

惡人得惡磨　二元夾辰凶可知也　子得巳即常

陰元

貴　朱戌酉申（未）龍　卯大凶甲庚山向大利

乙（陰）　蛇亥　午空　事濃滿　勾陳生申貴尅

貴（子）　貴子　巳酉白　寅大得未財青龍加來喜

巳（陽）　后丑（寅）卯辰常　白虎來道路孝服失脫

來助子利亨。午生丑土

六勾　辰與酉合六合臨爻易中

得利　朱雀乘風于巽巳亥章大利惟戌忌之戌命

可救　蛇火入午刀拒亥殺危臉中有救　貴子入

未未大得貴力癸山癸向子作祿九美　丑土生申

金神后來竊喜竊不去　二陰來寅婦妾大得力。

元常

丙（陰）　陰（丑）寅卯辰白　魁亥水大凶　巳作子財

貴　后（子）　巳空　虎又生子道路孝服其利

丁（陽）　貴亥　（午龍）　普也　午生丑空比丑大

貴　蛇戌酉申（未）亥　利

朱六　寅得未爲財勾陳加來土

元生卯卯尅戌凶　辰常

田之樂不勝言也　申尅卯木六合還宮來救　辰

與酉合朱雀生辰大利　二蛇夾戌晦氣　貴亥臨

午貴人大肆其毒　后子入未其財乃得之女力

丑能生申為申之用婢妾陰地竊取何以防之　寅

作酉貴財元武又來生寅財財源不竭　卯尅戌常

比戌禦侮有人　辰亥白來化辰生亥大凶中有

天吉　巳作子財空來尅子事少亨通　青龍生午

火午火生丑土層層生進喜事盈庭

此盤

巳加子作壬干貴加壬山

亥加午作丙干貴加壬山丙干祿加壬山

亥加午作丙干貴加丙壬干山吉丙山凶雞丙貴貴午煞

午加丑作丁干貴加丁

午加丑作丁干祿加癸　子加未作癸干祿加丁

未加寅作甲干貴加寅祿庚干貴　巳加子作癸干貴加癸

丑加申作庚干貴加申祿庚干貴加庚

申加卯作庚干祿加申　未加寅作癸干祿加甲干貴

申加卯作庚干祿加申　寅加酉作甲干祿加庚

酉加辰作辛干祿加乙　卯加戌作乙干祿加辛

第九盤子加申

陰后　　寅被午洩喜六合扶助神

壬(陽)　元子(丑寅卯)貴　　后又能生之　卯得未土

貴　常(亥)　辰蛇　　勾陳財氣旺相土田之事

癸(陰)　白戌　巳(朱)　　得利　青龍作祟于辰喜

貴　　空(酉申未)午六　　申金禦侮一得一失天

龍勾　　空生酉金以作巳財巳又

得朱雀助力黃金滿屋　午火生戌土戌土生白虎

儀度六壬(三)壬部下 了期卯

心一堂術數珍本古籍叢刊 三式・選擇類 六壬系列　一六四

退浪甚也

亥作壬干祿臨未太常又曰本家食物

豐厚　元武神后仝入申宮婦人與賊仝竊取二

陰夾丑土能生金金輝玉潤　寅尅戌土后生寅木

以長冠仇難夫　亥作壬祿卯作壬貴來會祿神又

登天門又遇長生卯命人榮華富貴爻何言哉　辰

土尅子水騰蛇何爲來生辰土危險　朱雀巳火叠

疊生丑丑又得二婢懷抱事事如意

朱雀騰蛇並入寅宮非犯火災定生血症，未作卯

常元

壬陰　白　子(丑)寅卯陰　　宮之財朱雀又來生未財

貴　空(亥)　辰后　　源混混出自文章。六合
　　　　　　　　害辰申能敵其害　酉作

癸陽　龍戌　巳貴　　巳火之財勾陳又來生酉

貴　勾(酉申未)午蛇　　財財機不匱土田樂哉

　　　六朱　　戊掩午火之光青龍掩開

喻土光炎露出　亥作　未土之財空來助未財亦如

意。二虎夾一神后得乃虛氣。丑土來生酉金太

儀度六壬⋯⋯在郎下　子卯申⋯

常又來助力酉命太康況巳貴又生丑恩乎　元武

生寅木寅木兙戌土大受盜賊之累　邜貴入亥祿

白常　大陰來生亥吉　二后夾

辰難星在家　巳作壬癸

六辛　空子丑寅邜元　貴人陞堂巳又火來生土

陰貴　龍亥　辰陰　樂利無疆

勾戌　巳后

六酉申未午貴　午貴來會寅貴午命人共

朱蛇　玉堂金馬學士平　未作

邓財蛇火生未土大驚恐中得大利　申脫辰氣朱

雀來生辰得失相半　巳火得酉財酉金得六財叠

叠財來其利溥哉　勾陳戌土摁午之光晦土可憎

亥作未財青龍吉神炤來亦美申有疵　子淺申

空生申一得一失　丑土生酉金而又白虎來道路

有得乎　寅水尅戌土大常來助戌平平　二元夾

一邓頂天氣　辰與子為仇太陰來解救　巳火生丑

士元后來奪巳火最毒婦人心

儀度六王〈仁部下〉于加申

甲(陽)　空白

龍子(丑)寅卯常

午來竊寅氣神后加來尅

制炎火以生寅木失意申

貴　勾(亥)　辰元

大得女力撥轉而遂意

戊庚　六戊　巳陰

未貴臨甲卯貴人到山未

(陰貴)　朱(酉)申(未)午后

俞大發卯命得土丑之利

蛇貴

申波辰土蛇來生辰似

失利而驚恐反利　巳待酉金樂事也朱雀又扶助

樂而加樂　戌晦午光六合來勸去晦土火光透出

未貴得元武之財勾陳來助未土田之利進巳

子水生起青龍以作申之財氣喜事盈庭　丑空生

龍空　　　　　酉金金土相生遂人心意

乙陽

勾子丑寅卯白　　寅壽戊土虎來尅寅寅

貴　　　六亥　辰常　作甲祿辛山之貴　太常

巳陰　朱戊　巳元　壽亥卯木拒之

貴　　蛇酉申未午陰　子水元武助子丑得巳生

貴后　　　　陰來盜丑巳敵之不得肆

寅有女害。午火止之雖止之亦竊之。恐女災難免也。

貴臨辰辰則退氣乙乃得貴。二蛇夾酉財氣充足。

卯得未財卯得未貴神后來生卯女力有賴。申

朱雀得居本位文章可用余戌晦乎。未得亥財

正得意也忽交易事來誘亥以毒未大不利巳。申

子並作乙巳貴相會坤山得之貴氣盈庭且得土田

之利。丑土能生酉金大得意也青龍飛來喜事得

意。寅木尅戌土寅被午洩戌遇朱生戌強寅弱

白虎來生元武邪雖竊亥虎能制之。　辰常尅子。
　子
命多厄　巳火來生丑土偷見來竊恩星無如之何
　蛇貴　　寅作辛陽貴午作辛陰貴
六辛　朱子丑寅邪后、　今帶太常加寅貴貴氣中得
　勾戌　巳元　虎來奪未以害邪　申來
陽貴　六亥　辰陰　食物大利。　邪得未利白
龍酉申未午常　洩辰陰又加洩雖有天空。
　空白　　空空如也。　巳得酉祿生

大歡喜青龍又來臨之喜氣濃也。勾戌仝來晦午。

戌則利巳午甚可憐　未得亥利六合忽來窃亥以

虐未交易中大失利盒　申畏朱雀火辛得子來敵

之庶幾免禍　酉為辛祿丑土來生之螣蛇又來生

丑以生酉大得其宜　戌畏寅木喜寅作貴人作辛

山之貴大利　卯窃亥氣天后助亥脫洩稍輕　辰

土來尅子水太陰加來化難生恩　巳火生丑土元

武作丑財恩中得利。

貴后

日虎尅寅木午火拒之免

甲[陰] 蛇子丑寅卯陰

禍　卯以未爲財天空加

貴　朱[酉]　辰元

來財又添財　辰被龍尅

戊庚　六戊　巳常

申金拒之失脫處免禍難

陽貴　每酉申未午白

酉作巳宮之財勾陳又

龍空

生我酉金財神大旺　戌

晦午火六合絀之㦸輕

未得亥財朱雀又來生未

財多身旺利矢㦸

蛇來咬虎鼠龍盃蛇　貴人臨

儀度六壬[選]　壬部下　于卿中

酉太得貴力巳火太常又生丑丑主貴力百倍。寅

尅戌后又來生寅惡黨得勢戌甚殆巳。卯脫亥氣

后陰　　　太陰制卯以生亥失利中

乙[陽]　貴子丑寅卯元　有利　辰尅子元武來助

貴　蛇[亥]　辰常　子　巳常來生丑丑得亨

巳[陰]　朱戌　巳自　嘉之樂

貴　六[酉][申][未]午空　午火脫寅木之氣天空土

貴　　　勾龍　來脫午氣以作寅財不利

中獲利　卯得未土為財青龍加臨財中得喜事

申脫辰土勾陳來助辰　巳火得酉金之財六合木

來生巳火其利薄哉　戌驅午火。朱雀飛來引透午

火不受晦氣　未土得亥為財蛇來生扶未土力能

勝財照旺巳　子貴人申貴兩貴相會子命水得申

金生大美　丑土生酉金神后來淺酉金一得一失

寅尅戌土正受其賊太陰加來以制寅得婢妾力

卯脫亥氣元武閉家拒之　龍常尅子貴人處困

巳火生丑土大益白虎加來道路得之道路失之

丙[陰]　后子[丑]寅卯常

陰元

午洩寅氣喜青龍加來有

吉　勾陳仝木作卯財土

貴　貴[亥]　辰白

田大利　申為辰禦六合

丁[陽]　蛇戌　巳空

之殺　酉貴加巳祿朱雀

貴　朱[酉][申][未]午龍　六勾

乘風交章大利　亥貴入未

宮大見驚恐　蛇八午

未得貴人之財　天后子也子郎坎也坎郎坤之先

天今來入坤申坤山大得資財女人得力　二陰夾

一丑土以生金二女懷抱之樂甚得意也　元武生

常白　　　　　　　　寅以剋戌盜賊大肆其壽

丙陽　元子丑寅卯空　常來害亥卯能敵之

貴　　陰亥　辰龍　　辰剋子水虎來化土以生

丁陰　斥戌　巳勾　　水轉難為恩　巳火生丑

貴　　貴酉申未午六　土空亦土也以此丑亦云

貴　　蛇朱　　　　　得之

午脫寅六扶寅平平　朱雀生未土作甲山之貴甲

命人大得貴方卯亦得之為財　辰被申洩喜蛇來

生辰　巳作丙祿酉作丙貴加巳貴入祿鄉巳命得

貴方　神后剋午火戌土剋后水婦人不放肆巳

太陰生亥入未未得貴人之財　元武全神后盜竊

申氣神后是女元武是賊恐女色中有失乎　太常

仝丑以生庚向酉貴丁酉年大利　寅剋戌虎剋寅

是非鬧塲　空來害亥卯木禦之　辰土剋子水青

龍尅辰土以救子厄　巳火生丑土勾陳來比助丑

當得土田之樂

此盤　卯加亥作壬貴加亥祿作壬癸卯貴向亥貴

酉加巳作丙貴加巳祿作丙丁酉貴向亥貴

巳加丑作癸壬貴加癸

亥加未作丁壬貴加丁

子加申作乙巳丁子貴加申貴

午加寅作辛壬午貴加寅　貴作巳子祿加寅向申貴

未加卯作甲子貴加甲。

丑加酉作庚子貴加庚。

申加辰作乙子貴加乙。

寅加戌作辛子貴加辛乾祿巽貴加乾。

第十盤子加酉

陰后

六辛　元亥子丑寅貴

陽貴　常戌　卯蛇

空申未午巳六

白酉　辰朱

龍勾

寅木得巳火為洩得六合
為此一比一洩失意中稍
可安康　卯木得午火為
洩得勾土為財以洩生財
失意中轉為生財　青龍
臨辰歸于本位然以木入
土恐不能美　天空帶申
入巳財氣日長大利可得。

午作辛貴酉作辛祿以祿入貴虎來加臨得道路

孝服之財乎　戌刑未太常歸本位刑之害重也

元后洩申之氣太重不利　二陰加子亦得洩氣不

利　丑刑戌女人有災　寅貴登天門寅命大利亥

命平平　卯脫子蛇脫卯有出無進　朱雀生丑文

章得利

命利

朱巳脫寅巳命利　午脫卯六合遷位一得一失午

命利　勾未入辰利在土田　青龍帶申入巳喜事

元陰

壬[陽]　常亥子丑寅后

貴　白戌

貪

癸[臨]　空酉

貴　龍[申]未午巳朱　勾六

中大得財帛　空生酉酉

作午財午命大富　戌刑

未道路孝服受害　亥洩

申金亥命利申不利　元

子洩酉金子命利酉不利

丑刑戌拐婢妾　寅洩

亥祿寅命得祿大利亥洩不利　卯作壬癸貴子作

癸祿貴人祿鄉卯子命皆利　蛇生丑土亦好

辰蛇　卯[貴]

看選日課中十二命喜天盤下生地盤看生人四柱

八字之命喜地盤上生天盤如鎮江宰相張玉書先

自後本貴
如辰盤

生之命以年上于支日主于支為主　壬

壬午年　于亥也亥加申上得長生太歲馬焉　午

丁未月　支加卯木卯作壬年貴　甲于寅也寅加

甲子日　亥上亥作壬歲祿位　子支加酉酉金生

戌辰時　子水也　且甲于之寅巳加臨焉巳作壬

年陰貴日支之子卯加臨焉卯作壬年陽

貴壬年之亥寅加臨即甲祿年支之午

酉加臨
得大財

白常　　巳貴在寅寅命不利巳命

壬陰　空亥子丑寅元　大利　蛇午臨卯卯命不

貴　龍戌　卯陰　利午命大利　朱未臨辰

癸陽　勾酉　辰后　文章大利　巳得申財六

貴　六申未午巳貴　合加來交易中大得財利

田金帛大遂心懷　　朱蛇　　午得酉財勾陳生百土

戌刑未龍來肆毒

亥水脫申

金天空來救　子水脫酉金白虎助酉申二命不

利亥子二命大利　丑刑戌常來無益　二元夾寅

空白　寅命利亥命不利　卯脫

六辛　龍亥子丑寅常　子陰來生子得失相半

陰貴　勾戌　卯元　神后臨丑大得女財　巳火脫寅未神后尅巳生

六酉　辰陰　寅大得女人之力　午貴

朱申未午巳后　蛇貴　臨卯去銀捐納不得官做

蛇來生辰驚恐中得利　朱申臨巳偸得財得

名文章大利　午得酉財午作辛貴酉作辛祿貴人

得祿利何如之六合又臨變易大利　戌刑未勾陳

來淹滯之極　亥脫申龍又脫亥脫中多吉事　子

脫酉空生酉一得一失　丑刑戌道路孝服失利

常來尅亥寅木拒之一得一失　元后夾卯卯命得

女人倫兒之力　太陰臨丑姉妾生二心

太陰尅寅巳能拒之一淺一尅寅終不利巳命得財

傜相合命盤　龍空

甲（陽）　匂亥子丑寅白　　得印大利不勝言也　午

貴　六戊　卯常　　脱卯后生卯得失相半

戊庚　朱（酉）（辰）元　　未貴臨辰辰得貴人之力

（陰）貴　蛇（申）（未）午巳陰　　二蛇夾申巳命大得財

貴后　　帛况巳作戊祿在寅得利

朱雀還午位文章大顯

酉金來作財又得利　六合臨未交易中大生害

亥脱申匂來尅亥生申得失相半　子脱酉而生龍

作酉財失意中轉得喜事中利。丑刑戌雖貴不利。

寅脫亥虎來尅寅生亥亦失意中得道路孝服之

甲（陰）　　　　蛇貴　　　財

朱亥子丑寅后　　　　　元武入丑得偷力

　　　　　　　　　　卯脫子常尅子不吉

貴、　　六戊　　卯陰　　寅生巳巳生常層層生出

戊庚　　勾（酉）　辰元　不利幸出亥宮得二水相

（陽）貴　龍（申）（未）午巳常　夾根本堅固　虎來脫卯

　　　　空白　　　　　午能拒之凶中有吉

　　　　　　　　　　空

未到辰貴人加臨得力

龍加來喜事財利齊到

財源不匱巳　巳得申為財申作度祿青

六合來尅未變易中大不利　酉來作午財勾陳來生酉　朱雀

來尅申亥水拒之亥命得財得印甚利　蛇尅酉金

子水拒之子命亦得財得印大利　貴丑臨戌相刑

不相生又何利乎貴人　寅脫亥后又生寅命得

上下夾生吉莫大焉　邱脫子大陰生子一得一失

元武臨丑貴人得偸力

貴后

巳(陽)
蛇亥子丑寅(陰)
白虎來尅寅巳火拒之寅

貴
朱戌
卯元
命平平巳命下得寅生上

乙(陰)
六(酉)
辰常
得道路孝服財大亨卯

貴
勾(申)未午巳白
龍空
生午午生空步步生出

青龍臨辰喜事加來中有

齐　甲作巳財勾陳生申

財源茂盛
酉作午財六合朱生午變易中大得金

帛
戌刑未朱雀來救
蛇來尅申亥能拒之亥命

得財得生大利　子貴臨酉貴人騙誘財物　丑

刑戌女人多災　貴脫亥陰生亥婢妾用力　大常

后陰　臨丑大得食物之利

丙（陰）　貴亥子丑寅元　巳脫寅空脫巳生出並生

貴　蛇戌　卯常　入也　午脫卯龍比卯生

丁陽　朱酉　辰白　午喜事費財　勾陳到辰

貴　六（申）未午巳空　淹滯　申作巳財六合申

勾龍　財層層得財其利普哉

二朱夾酉金帛滿　懷又得文章之美　蛇來入未驚

恐甚多　貴亥臨申捐納不得官做徒費銀錢　子

后臨酉洩氣太甚　惟子命得利　丑刑戌卯亥生二

心　二元夾寅耗氣內生寅命利亥命不利寅命大

得偷力　卯洩子常尅子不利卯命得財得印大利

白虎入丑道路孝服失財

寅生巳巳生勾脫洩過了　午脫卯六生卯雖云稍

利酉午得三六夾之午命大得變易之利　朱雀乘

心一堂術數珍本古籍叢刊　三式‧選擇類　六王系列

元常

一 藏 安明之象大利　二蛇

丙(陽)　陰亥子丑寅卯　夾申其利溥哉　午作丁

貴　后戊　卯空　禳酉作丁貴祿貴相會午

丁(陰)　貴酉　辰龍　酉命俱大利　戌刑未女

貴　蛇(申)(未)午巳勾　人有災　二金夾亥亥命

朱六　得娅亥之力　子元脱酉

子命大利　丑刑庚食物生利　寅脱亥虎生亥得

失相牛　空尅子　娅能拒之　二龍入丑喜中害

乙（陽）

常　巳脫寅六合助寅變易平

元　亥子丑寅空

貴　陰戊　　卯龍　　和　二朱脫卯文章顯著

巳〇　后酉　辰　勾　　　其如耗何午命則大利也

貴　貴（申未）午巳六　蛇朱　　蛇來入辰驚恐中有利

　　　　　　　　　　　　　申貴臨巳巳得貴力並

　　　　　　　　　　　　　酉作午財神后

　　　　　　　　　　　得貴財

財反生幾得財時　　須防女人作祟　戌刑未奸妾為

姦　三元脫申田殖此其戌亥命利　子脫酉常生酉

得失相半　丑卯戌道始孝服失脱。寅脱亥寅尅

空一得一失。龍游途海固利但加卯脱虛而不實

勾陳臨丑沉滯無比　此盤

卯加子作乙卯　　癸卯貴加貴作酉加午作辛酉丁酉貴加丁

午加卯作丁干午　祿加午貴向酉貴作辛干午貴向酉

子加酉作癸干子　祿作乙干子貴向卯貴作乙干子貴加辛

未加辰丑卯戌作　乾貴加乾巽寅加亥作巽貴乾祿加乾

巳加寅作艮丙　祿加艮　亥加申作艮丙貴加坤

第十一盤子加戌

陰后　辰土作寅木財六合加來

甲(陰)　元戌亥(子丑)貴　以輔寅交易事大得利

貴　常酉　寅蛇　巳火脫卯木之氣勾陳加

戌庚　白申　卯朱　巳失脫中得土田之利

(陽)貴　空(未)午巳(辰)六　巳失脫中得土田之利

　　　龍勾　青龍生午火午火生辰土。

空晦巳大不利　文章顯名利且厚也　未二金

二金入午白虎燒身午命人得道

路孝服之財　酉脫未土常來比未一得一失二

陰炎亥妍妾失利　二后躡戌財源浩大・丑貴登

天門丑命得財利也亥命受尅客哉　寅脫子蛇又

脫寅流出不流入　邜木尅丑土朱火生丑土反尅

爲生凶中大吉　丑土登天門則天罡之辰到寅寅

爲鬼路鬼怕天罡星名爲罡塞鬼路自小滿至夏至

三十日太陽在申午時申將加午戌庚二日丑貴夫

門辰到寅上凡事皆吉而入命以端陽日午時合藥

為美不知其有三十日也諸事皆宜獨忌歸塾

元陰

六辛　常戌　亥子丑后

辰作貴寅之財朱雀來生
辰財源大矣　二六夾巳

陽貴　白酉　寅害

外實而肉虛耗費難免

尖申　邶蛇

午生勾陳土田之利得巳

龍未　午巳辰朱

未脫巳青龍破未以生巳

申財源不竭　　勾六

吉也　申作午財空來生

白酉脫未虛耗巳極　常戌生申食

物得利　二元脫酉。虛耗難救　子作戌財太陰來

生子水財氣日生　丑尅亥水神后救援　寅貴入

常元

壬（陽）　白（戌）亥（子）丑（陰）

貴　空酉　寅后

癸（陰）　龍（申）　卯貴

貴　勾未午巳（巳辰蛇）

子不得貴力　心向外人

邪尅丑土蛇化卯生丑凶

中有吉

辰作寅財蛇來生辰土得

火而長財氣大巳　朱巳

脫卯虛耗無救　六合生

六害

六合生

午午生辰逐層生入變易大利　勾來晦巳火沉灣

難免　申作午財龍來又作甲財重重尅入財帛最

盛　酉金耗未土精力衰弱　二虎夾戌懷中得利

亥脫酉常生酉一得一失　子元臨戌財利大得

女力偷力　丑尅亥太陰化丑生亥凶中得吉二

后夾寅心生二心諸事虛耗　邜貴入丑雖云陞堂

得位卻有害而無益

寅得辰爲財得神后爲助一助一財何樂如之　巳

空白

貴臨卯貴來竊氣心不向

壬陰
龍戌亥子丑常
我　蛇午加辰生氣重重

貴
勾酉　寅元
雖有驚恐其利普也　未

癸陽
六申　卯陰
脫巳朱雀乘風比巳失意

貴
朱未午巳辰后
中大得意文章有用　申

蛇貴
作午財六合作申財財氣

重重交易大利　勾常夾酉心虛耗巳　戌生申金

青龍作申財財得之喜事中也　亥脫酉空生酉一

得一失　子作戌財白虎來生子財利源如意　常

丑尅亥大凶　寅脫子氣元來助子終于耗散　卯

陰貴

六辛　勾戌亥子丑白　龍空

蛇未午巳辰陰　朱申　六酉　寅常

貴后

尅丑土太陰來尅卯木惡

人自有惡磨

辰作寅財反出生陰以害

卯元　寅妻奴心同外也　巳火

脫卯木神后生卯木得失

相半　午貴臨辰辰土得

火生大得貴人力。

位得申為財文章得利。

二蛇夾未申心虛耗。朱雀遷

勾戊生申土田大得其利。 六木尅未土酉金拒之

亥生青龍以為酉財失

利中大得喜事之利 子作戌財空來勊戌財氣亦

厚。

丑土尅亥水白虎金來化土以生水凶中大吉

常尅子寅來拒之 耶木尅丑土為惡元武水又

來生耶木惡人得勢凶不可當

辰常作寅財大得食物之利 白虎來害耶喜巳火

蛇貴

乙 陰　朱戌亥子丑后　　尅拒之　午火來生辰土

貴　　六酉　　　　　得交章之力　未晦巳火

己 陽　勾申寅陰　　　青龍破開未土生出巳火

　　　　巳　卯元　　　晦氣脫巳　申作午財勾

貴　　龍未午巳辰常　　陳來生申財大得土田之

拒之　戌土生申金朱火生戌土重重生入大利

蛇尅酉亥水能拒蛇火　貴子作戌財貴人大得力

丑土尅亥水。

太陰生子水得失相半。神后來助亥凶中得平 寅腕子水。

貴后

卯木為害愈大

卯木尅丑為害元武來生

丙陰

蛇戌亥子丑陰

辰作寅木財白虎加來辰

貴 朱酉 寅元

反生虎以害寅利中有禍。

丁陽 六申 卯常

道路危險 巳作卯洩空

勾未午巳辰白

作卯財竊我者又來生我

龍空

財失意處忽然得意。青

龍木生午火午火生辰土層層生入喜事盈盈　未

勾掩巳火子不孝親　六合生午火申作午財大得。

交易之利　酉脫未朱生未尅酉以生未失利中大

得利　蛇火生戌土戌土生申金驚恐中大得利。

貴亥脫酉貴人大不得力　二后入戌大得女人財。

丑土尅亥水太陰金來化土以生水凶中有吉　寅

脫子水元來救子　卯尅丑土常來比丑凶減輕

辰作寅財青龍加來人與大喜吉利之極　巳來竊

陰元

丙⊕陽

后戌亥子⊙丁丑常

貴　貴酉　寅白

丁⊙陰　蛇⊙申　卯空

貴　朱未⊙午巳辰龍

六勾

酉脫未貴人大不得力

之女人不得肆志

卯反生勾陳以作卯財失

事中得土田之利　六合

生午火午火生辰土變易

中大順利得意　朱蛇夾

未中多耗散　蛇朱夾申

財帛中生其利普也　貴

戌生申后來竊申戌能拒

二陰夾亥耗神從丙生失利多

亥〇

元子臨戌財利大盛得之偷力　丑常尅亥凶

幸亥得二陰夾生　寅來脫子自虎尅寅以生子失

　　　　元常　　　脫中反得利益　卯脫丑

乙〇陽〇　陰戊亥子丑白　空來比丑無力

貴　　　后酉　寅空　辰與勾陳入寅作財土田

巳〇陰〇　貴申　卯龍　之利美不勝言　二六夾

貴　　　蛇未午巳辰勾　巳虛耗中生　二朱入辰

　　　　朱六　　　變章之利大盛　二蛇夾

未虛耗中生　申貴到午財利得之仕宦　未生酉。

酉生后后作未財。婢妾不得力處反得力　陰戌生

申婢妾得力　二元脫酉偷竊失利　子作戌財常

來助戌食物得利　丑土尅亥水白虎來化丑生亥

凶中有吉　空來尅子寅能拒之外禦其侮　龍卯

齊尅丑土危險難免

辰作寅財六合加來變易大利　失巳脫卯文章中

虛耗　蛇雀入辰驚恐中得利　貴未脫巳不得貴

常白	甲㊣	貴	戊庚	陰貴	
	元戌亥㊣丑空	陰酉　寅龍	后申　卯勾	貴未午㊣巳辰六	蛇朱
力。申作午財。反背生后	以害午內難作也。二陰	脫未受婢妾之累。戌生	申。申元竊申戌能制之偷竊	不去　亥脫酉。常生酉一	得一失

道路大利。丑空尅亥。禍惠大也。龍游滄海喜事

多多不能無耗。邜尅丑勾比丑一得一失

白為戌生子財。

此盤　丑加亥未加巳作乾貴加乾巽。

寅加子作辛干寅。午貴　申加午作乙巳干申貴

卯加丑作癸干卯貴加癸。

酉加未作丁干酉貴加丁。

巳加卯作壬癸干卯貴加卯貴

亥加酉作丙丁干亥貴加酉貴

午加辰作辛干午貴加乙

子加戌作乙干子貴加辛山向互貴。

第十二盤子加亥

陰后　　六合到寅爻易之利茂哉

乙陰　元酉戌亥子貴　　勾辰到卯土田之利大

寅　　常申　丑蛇　也　　龍木生巳火巳火生

巳陽　白未　寅朱　　辰土辰命大吉利。　天空

貴　　空午巳辰卯六　　帶午入巳平平　午生未

龍勾　　未生虎重重生出將若之

何　常帶申入未一比一溴未見大得利也　元武

儀度六壬□□□□　子加亥

入申偷兒之害難免　二陰夾戌姤女得力神后帶

亥入戌水中之利大可求也　子貴登天門吉事無

甲〔陰〕　常〔酉〕〔戌〕〔亥〕〔子〕后　元陰　不利　蛇生丑丑尅子凶

寅木尅丑土凶朱雀飛

貴　白申　丑貴　來化木生土以難轉恩事

戊庚　空未　〔寅〕蛇　無不利

〔陽〕貴　龍〔午〕〔巳〕〔辰〕〔卯〕朱　朱雀入寅文章之事有虛

勾六　耗　二六夾辰交易中大

得財利　二勾夾巳利財自內生　青龍朱雀臨巳

文章喜事交集家庭　空未入午虛耗莫救　申白

入未虛耗無救　太常旺申食物得利　元竊酉戌

加之以生酉　太陰生亥水以作戌財財源甚長

子后臨亥大得女人之力　丑貴臨子丑利子不利

寅木尅丑土蛇來加臨化木生土轉禍爲福

蛇入寅卯虛耗難免　朱雀生辰作卯之財文章之

利妙不勝言　六合生巳巳生辰土從外生內交易

六辛　白酉[戌]亥[子]陰　　常元　　之利大矣。勾陳臨巳淹

[陽]貴　空申　丑后　　滯難免　青龍臨朱雀大

龍[未]　寅貴　　得生意破開未土最妙

勾午[巳辰]卯蛇　申脫未空來無力　二白

六朱　夾酉得道路孝服之財

常戌生酉食物大利　二

元入戌大得偷兒之力　太陰生亥水婢妾得力

二后夾丑害從中生女人失利　寅貴臨丑雖云壁

白常

堂大受貴人之害、

壬陽　空(酉戌亥子)元　　卯貴踏寅大得貴力　辰

貴　龍申　丑陰　作卯財蛇來生辰財氣得

癸陰　勾未　寅后　生自然亨卓　朱雀生辰

貴　六午巳辰卯貴　朱蛇　辰得文章之力。六合臨

巳交易大得利　勾未掩

午晦奁無餉。青龍尅未申力拒之免厄　空土生

申亦云得利　戌來生酉白虎加臨得道路孝服之

利

之子利得偷力

之子利得偷力

亥作戌財太常加臨食物大利　二元夾癸祿

丑土尅子水大陰來救援化殺爲

貴

龍空

壬陰　勾(酉戌)子白　神后生寅以助其虛丑土

貴　六申　丑常　危也。

癸陽　朱未　寅元　太陰入寅害喜得邜能拒

蛇午巳辰邜陰　之。辰作邜財神后又夾

貴

貴后　生邜財加厚也。　貴巳臨

恩凶中得吉　寅尅丑土

辰大得貴人之力　二蛇夾午大受驚恐　朱雀還

宮文章六顯但虛耗不免　六合害未申能拒之

勾陳生申得土四之利　戌土生酉金青龍來作酉

財喜事盈庭　亥作戌財偷人得力　白虎金入生

亥宮火得道路孝服之利　常丑害子危始凶險

寅木尅丑土元武水生寅木惡人得勢肆姦不殘

大常入寅大得食物之利　辰作卯財友外生白虎

以害卯小人難防　空巳生辰辰亦云利　青龍入

蛇貴

丙陰　朱　酉(戌)(亥)(子)后　　巳喜事大得利　　勾未晦

貴　六　申　　午淹濡難開　六个尅未

丁陽　勾　未　　申能拒之得失相半　朱

貴　龍(午)(巳)(辰)(卯)常　　丑陰　雀尅申喜酉力拒　蛇火

寅元　生戌土戌土生酉金驚恐

空白　中得利　貴亥臨戌大得

貴人之財　神后入亥得女人之力　丑土尅子水太

陰來化土以生水凶中得吉　寅木尅丑土元武水

后陰

丙陽　貴酉（戌亥子）元

貴　蛇申　丑常

丁陰　朱未　寅白

貴　六午巳辰卯空

　　　勾龍

生寅木以尅丑深巳。毒

天空加寅土財得牛青

龍帶財入卯得喜得財兩

美俱全　二勾夾巳祿土

田大利　六合帶午祿入

巳爻易大得財利　二朱

來未文章雖奵虛耗難免

失　貴酉入申大得貴人之力　戌帶神后入酉一

申脫未蛇生未一得一

渡一生。亥作戌財。

子得偷見力。　陰生亥水財利溥哉。　二元夾

當丑尅子水凶險。　寅尅丑土白虎

陰元　又尅寅木難而不難

乙陽　后酉(戌亥)子常　青龍入寅作龍吟虎嘯其

貴　貴申　(丑)白　喜可知　勾陳與辰入卯

巳陰　蛇未　寅空　土田之利厚巳　六合生

貴　朱(午)(巳)(辰)(卯)龍　巳火巳火生辰土重重生

六勾　入交易大得其利　二雀

入巳交明大盛　蛇入午方甚多驚恐　申貴入未。

不得貴力，神后入申。女人偷竊甚可慮也。二陰

甲（陽）	陰　酉（戌亥子）白	元常	二元臨戌大得偷兒之力。
貴	后申	丑空	夾酉懷抱中利自生長。二陰
戊庚	貴未	寅龍	常來尅亥子能拒之
陰貴	蛇（午巳辰卯）勾	朱六	丑土尅子水白虎來化土　以生水凶中得吉　寅尅
			丑土天空亦不能救

勾陳入寅大得土田之利　二六夾辰變易中大得

其利　朱巳生辰文章顯名　二蛇夾午大有驚恐

貴未入午午脫未受生　未生申申生后重重生

失　亥作戌財常來助戌犬得食物之利

出　二陰加申姊妾得力　戌生酉元脫酉一得一

亥元武得生大利得道路孝服之財　丑空臨子子

受尅制凶　寅木帶青龍入丑喜事中得大凶禍

六合加寅交易中大得財利　辰作卯財朱雀來生

六辛　元酉(戌)亥子空　　常白

辰財財氣大旺文章申得

利。二蛇入辰得利處未

陰貴　陰申　　免驚恐　貴午臨巳大得

丑龍

后未　寅勾　貴人力　神后尅午未能

貴午(巳)辰(卯)六　拒之　大陰與申脫未耗

蛇朱　散不收　元武入申洩氣

酉能尅之　戌生酉金大常加臨食物中大得利財

亥作戌財白虎來生亥水財氣不匱　天空尅亥

力輕。亥得虎生力大。青龍游滄海貴人丑土難阻。

中得大喜事　寅木尅丑土勾陳來沉滯之極凶

此盤　寅加丑作甲干寅祿加丑貴

申加未作庚干申祿加未貴

嚴陵張九儀儀度六壬合斗首選日法

男　張廷楨貞木

張廷櫻聖木

孫　張永灼昭遠

張永燦明達　韓業

儀度六壬選日粗說

選日之法無非求諈馬貴人三吉到山到向以便發富發貴而已而世人手持通書反覆查閱以求三吉到山到向乃百用之而百不一應求其用一日用一時即指之曰某山得某吉星該蔭某人該某年某月

應福則不能者何也無他故也以通書所載諸法皆

泛泛不切實故也夫古來賢哲亦竭盡其心思智慮、

立法剏制以求三吉其術甚工其理甚悉胡為而曰

泛泛不切實也夫亦曰、其所立之法立以人、而不立

以天、其所剏之制剏以我意而不以天體也今夫年

月日時實出于天天在上以覆地、地在下以承天天

氣有吉有凶地上郎有禍有福是天與、地相接相交

而不相雜者也、

此喫緊之旨、

今人不於天地交接處窺測之，離天離地，另立一法

另創一制、而曰吾如是以窺天測地吉凶之機，吾得

之矣、吾恐天地如許之大，必不能俯而就我也，此所

以百用而不一應也、此泛泛不切實之故也、今觀於

天地交接處切實求之者、莫如先聖人六壬之法已

余何幸得遇仙吉授我六壬乎，夫天上方位靜而不

動，終古如斯，天體則旋轉而不息，每一時過一宮，形

如轉圓爲神爲煞皆從而隨之六壬之法日吾何以

知天體旋轉之處哉吾但看太陽每月所到之宮便

知之已因以太陽所到之宮名曰月將以月將加用

事時上挨次輪之則知此日之祿元天旋在何位此

日之驛馬此日之貴人天轉在何方矣知此日之祿

馬貴人天轉在何方天旋在何位吾郎因其方因其

位而用之祿馬貴人有不照拂我者乎

兩因字是大竅也

既照拂我便知得、如乙日卯祿在子貴方癸山用之

自然子卯人發福非卯年應、郎子年應矣、如丙日酉

貴在巳祿方巳山用之自然巳酉人發福、非酉年應、

郎巳年應矣、此非切實求之而不爲泛泛者哉、

　天機洩盡、

此所以百用而百應也、若如逼書弔替諸法、忽然而

九紫在南忽然而一白在北、在人手掌輪之甚易、吾

恐天體之大不能隨吾指使也、若日天氣當如此、今

年三碧東方管事、明年二黑、西南管事、夫天體如車

輪、如倚蓋、從東而西至剛至健、其氣果可能如此、曲

曲折折跳南過北、以趨之乎、此六壬從天地交接處

窺測之所以、百用而百應也、而用之之法、正當講求

矣、

祿馬貴人三吉神、斗首啟秀篇中專以坐山向上為

主、如甲寅日、坐寅山、即以為祿會元辰、立申向、即以

為馬對元辰、如壬午日、立巳向、即以為貴對元辰扞

亥山卽以爲祿會元辰止論山向之爲貴人山向之
爲祿元山向之爲驛馬而巳欲其觸發山向果能爲
我貴人果能爲我祿馬之竅則不知也福祉何由徵
驗

儀度六壬全在觸發三吉之竅

余儀度六壬之法年月日時四柱謹遵斗首用元辰
用武財無不吉巳而用元用武之中必用六壬內祿
馬貴人到山到向以爲之主

此喫緊之旨一部儀度六壬主意、

如甲寅日斗首取申向爲馬、儀度六壬、必須如午甲

式三傳申午午初傳發出申馬如壬午日斗首取亥

山爲祿儀度六壬、必須如邲壬式三傳未亥邲中傳

發出亥祿祿神馬神發出三傳則爲馬之申與爲祿

之亥天機靈動吉氣逼人自然人之生命合祿合馬

者、如期而發福巳、

此喫緊之旨一部儀度六壬全在天機靈動四

字、發傳二字、卽觸發三吉之竅法也

然而不止于此也、其中又有變通而巧取之者、如甲

寅日、申午午、申發初傳、馬神動立申向是也、而不知

初傳之申、實從辰上起、此活申馬也、活申馬不在申、

而在辰、我卽用辛山乙向以迎之、論寅日則以申爲

馬、論乙向兼以申爲貴、馬而兼貴申命生人有不發

馬者乎

巧在馬而兼貴、

斗首以申向為馬對元辰、儀度六壬、則以申加乙向、

為馬爌、元辰巳、如壬午日、未亥夘、亥發申傳、祿神動、

扑亥山是巳、而不知申傳之亥、實從未上起、此活亥、

祿也、活亥祿、不在亥、而在未、我卽用丁山癸向以乘

之、論壬日囬以亥為祿、論丁山又以亥為貴、貴而兼

祿、亥命生人、有不發焉者乎、

　妙在貴而兼祿、

斗首以亥山、為祿會元辰、儀度六壬、則以亥加丁山、

為祿臨元辰巳斗首所用地盤在下故在向云對在
山云會儀度六壬兼用天盤在上則向不止云對而
又云熖山不止云會而又云臨其云臨與熖者以天
盤動而熖來臨來也如此取祿馬貴人非熖郎對非
會郎臨以云到山則真到山矣以云到向則真到向
矣或曰此法甚善但切寔二字于何見之余曰九宮
弔替法非但東西跳越次序無憑郎一卦管三山便
有三處移動何以云切何以云實今余儀度六壬郎

以甲寅日申馬言、時申加辰上、是天盤傳送之天、加
在地盤天罡位上、前不可進在巳、後不可退在卯也、
又以壬午日亥祿言、時亥加未上、是天盤登明之天、
加在地盤小吉位上左、右不能移至申、右不能改至午
也、此非從天地交接處窺測之、而得其切實如此哉、

此一段辨祿貴到此山、他山郎移不去如此說、
弔替法一卦管三山說得去否、

知此之爲切實則遍書之泛泛、不言而知已、即以甲寅

寅一日論彼其法制以甲寅入中宮陽順。則寅祿在
中、未貴在坎。申馬在坤、丑貴在兌陰逆。則寅祿在中、
未貴在離申、馬在艮、丑貴在震此皆借洛書九宮之
理以意會而推之如此也。若問其寅祿果可在中申、
馬果可在坤、未貴果可在坎與否、則茫茫紙上眼中。
不可得而見也。眼中不可得見則是虛浮不實之物
矣、或曰凡人選日不過以理推以意會今要眼中可
見、則六壬求祿馬貴人到山到向皆眼中得見者乎。

余曰、非眼中得見、何以言其切實、今夫年月日時行
之在地其源實出于天、天體渾淪如衞盞然並不分
界限、唯每年太陽太陰、在上合朔十二次、因分天體、
有十二躔舍。

究竟太陽之天低于二十八宿之天、太陰之天、
又低于太陽之天、合朔時何曾着在天體上、唯
人在地下仰首觀之、其合朔時若在二十八宿
之天體上相合者、然三層天一串看上去、便像

是一層耳、

地上東西南北十二支靜而不動、天體晝夜旋轉如

磨麵之石磨、每日祿馬貴人如甲祿在地支寅位即

天體尾箕躔舍甲貴在地支未位即天體井鬼躔舍

寅馬在地支申位即天體觜參躔舍天體在上一時

輪一宮以照臨下土、欲天監內觀星臺時時見者、

講得明白講得的確、

今又借甲寅目論如申馬在天罡辰巳、吾欲取元辰

時、五吉時出巳巳為優式中酉神加巳、則立夏前後

太陽在酉吾以酉之躔舍加巳支上輪之、而酉後一

位申馬之躔舍在辰、非眼見觜參之天實實在天罡

位乑叉借壬午日論如亥祿在小吉未巳吾欲取武

財時五吉時內甲辰最善式中申神加辰則芒種前

後太陽在申吾以申之躔舍加辰支上輪之、而申前

四位亥祿之躔舍在未非眼見室壁之天實實在小

吉位乎眼見申馬之觜參在辰則乙向實得日馬煰

來巳眼見亥祿之室壁在未則丁山實得日祿臨位

巳、

山向實得祿馬貴人則不是虛空之話巳、

是其始也先查在上之天體下合乎在地之方位縱。

也用我在地之方位仰合乎在上之天體也此先聖

人大六壬法在天與地相交相接處切實求之之法

也。

先查之法如申上天體觜參查係寅方馬位亥

上天體室壁查係壬方祿位是也合方之法如

乙向貴人在申、則求天體在申之觜參輪加辰。

上丁山貴人在亥、則求天體在亥之室壁輪加

未上是也、

然而其中、或淺或深、或虛或實則又有辨、夫同一祿

馬貴人一用之而福澤小、福澤暫一用之而福澤大、

福澤久者何也、則以祿馬貴人之力淺祿馬貴人之

位虛自然福澤小、福澤暫巳祿馬貴人之力深、祿馬

貴人之位、實自然福澤大、福澤久已、至欲問何者以爲淺、何者以爲深、何者以爲虛與實、則唯有志之士、如居巢庠友、高西王名琰者、讀我增釋琢玉斧峦頭法、取我全書而會悟之、乃得其竅、丙戌悟道、戊子中式、若夫頑鈍之夫、何足以語此、或曰、起造扦葬、此法甚善、其他何如、余曰、修方嫁娶、皆可用、余自得傳之後、六七年中、易稿十五餘次、心力竭已、異日當有哲人、推出而用之者。

儀度六壬合斗首元辰說

凡造塟選日、先看其山某向該用何八字俱用斗首

取法必宗斗首者以其吉凶有驗故也次取本山本

日祿馬貴人必用儀度六壬法者以其通書止知泛泛

用祿馬貴人不知要到山到向是有其名而無其實

矣儀度六壬到山到向確實卽應非但通書所用不

實卽斗首所用亦不芬儀度六壬之實也及

斗首五行證驗、

遞日之法、據大道理、應以正五行爲主、通書欲求其
周備、則又以各家五行叅用焉、余初見亦以爲然、故
用九宮弔替等法、殊用之而茫茫無據、不見一確驗、
心甚疑之、及得儀度六壬傳、方信斗首五行用之甚
准、應驗述不勝述、今以世人耳目共見共聞之地言
之、如蘇州燕山無錫周探花祖塋甲山庚向用四丙
申課、以常情論、凡在坐山第一忌煞氣第二忌洩煞
有一于此、郎云不吉、若有洩煞又有煞氣二惡並見

尤爲大凶今乾山地以正五行論坐山甲卯屬木所

用日辰天干丙火爲木山之洩地支申金爲木山之

然煞洩双用詎不爲凶而葬下九年甲辰科譽弘者

鄉會聯捷中探花富貴敷十年來子孫迭發何也况

用丙申日又用丙申年丙申月丙申時四個洩干四

個煞支凶氣重重如此今乃無凶而大吉者何哉則

以斗首五行甲卯水山也丙午水元也申爲水支爲

水長生也以四元辰得四長生豈非斗首啟用篇所

云三元三武成家世享榮華富貴者乎、非又所云全

聯元曜、十年身到鳳凰池者乎、于正五行甚相悖于

斗首五行甚相合、相悖者應有禍、而竟無禍、相合者

應發福、而果得福、事驗彰彰如此、吾安得不舍其悖

而無禍、用其合而得福者哉、不必問其理之正不正、

而但問其福之驗不驗、此儀度六壬之必用斗首元

辰也、用諸家年月者曷不于此二致意乎、

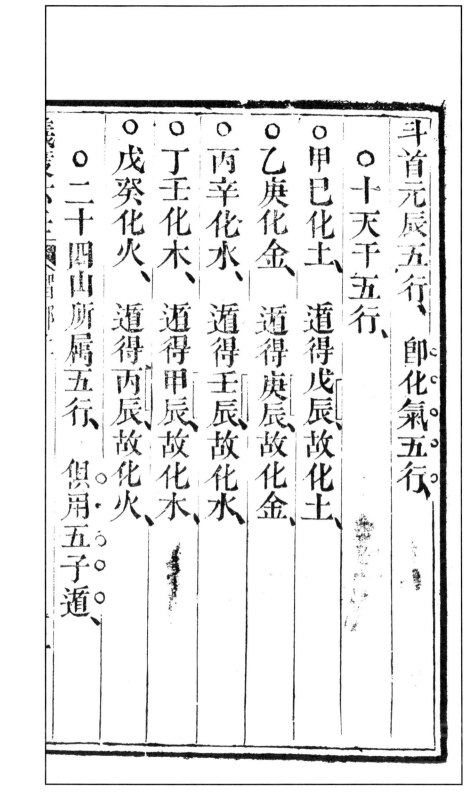

斗首元辰五行、即化氣五行、

〇十天干五行、

〇甲己化土、遁得戊辰故化土、

〇乙庚化金、遁得庚辰故化金、

〇丙辛化水、遁得壬辰故化水、

〇丁壬化木、遁得甲辰故化木、

〇戊癸化火、遁得丙辰故化火、

〇二十四山所屬五行、但用五子遁、

○壬子土山、甲巳遁得甲子故屬土

○癸丑火山、戊癸遁得癸丑故屬火、

○艮寅木山、丁壬遁得壬寅故屬木、

○甲卯水山、丙辛遁得辛卯故屬水、

○乙辰金山、乙庚遁得庚辰故屬金、

○巽巳土山、甲巳遁得己巳故屬土、

○丙午火山、戊癸遁得戊午故屬火、

○丁未木山、丁壬遁得丁未故屬木、

○坤申水山、丙辛遁得丙申、故屬水、

○庚酉金山、乙庚遁得乙酉故屬金、

○辛戌土山、甲巳遁得甲戌故屬土、

○乾亥火山、戊癸遁得癸亥故屬火、

○用法有五、

一元辰、一廉夭、一武夭、一破鬼、一貪官

元廉武名三吉、　貪與破名二凶、為吉為凶妙在

以遁到本山為主以生山助山者為吉以剋山洩

山者爲凶今舉一山論而二十四山皆知之巳如

壬子二山爲土、年月日時見甲巳二天干土山見

土爲比助、爲駐神、大吉、而五子遁中遁得甲子到

山比助又得比助名曰元辰爲第一吉　年月日

時、見乙庚二天干土山見金爲傷官爲洩氣不喜

喜五子遁中遁得丙子到山內水爲土山妻財財

爲元辰所喜名曰廉子爲子星得次吉　年月日

時、見丙辛二天干土山見水爲妻財次吉、而五子

逆中、又遁得戊子到山、戊爲火、火能生土、爲父母、

爲印綬、名曰武曲、天干丙火、既爲土山妻財、而遁

元、戊火又爲土山父母天元人元皆吉、故全元辰

爲第一

一年月日時、見丁壬二天干、土山見木、爲

七煞爲破鬼大凶、而五子遁中、又遁得庚子金到

山、土山見金爲洩氣、爲生出、爲第一凶、一年月日

時、見戊癸二天干、土山見火爲父母、爲貪狼大吉、

夫何五子遁中遁得壬子木到山、土山見木爲破

軍天于火以生土爲貪逅元木以尅土爲官故云

貪官半凶半吉此五者皆逅明其爲吉爲凶之原

也性人不知其原何以定棄取哉土山如此金水

木火皆然、

斗首論三元以四天于在上曰天元、四地支在下

曰地元、逅五子逅中逅到山者居中曰人元天元

之棄取以到山人元之生尅而定其生而取者宜

生旺之支其尅而棄者宜在地元病死之

在地元支三元叅詳明自西四柱乃定

斗首二十四山每年月建到山吉凶

○甲巳年、○乙庚年、○丙辛年、○丁壬年、○戊癸年、

艮寅二木山、○丙寅貪狼子。○戊寅廉子。○庚寅魁破。○壬寅元辰。甲寅拭才

甲卯二水山、○丁卯廉子。○己卯破魁。○辛卯元辰。○癸卯曲武。乙卯貪

乙辰二金山、○戊辰魁破。○庚辰元辰。○壬辰拭才。○甲辰貪。○丙辰廉子

…山　乙庚　丙辛　丁壬　戊癸

癸巳二土山、○己巳辰元。○辛巳武。○癸巳官貪。○乙巳子廉。○丁巳鬼破

丙午二火山、○庚午武。○壬午官貪。○甲午子廉。○丙午鬼破。○戊午辰元

丁未二木山、○辛未餘。○癸未子廉。○乙未鬼破。○丁未辰元。○己未武

坤申二水山、○壬申子廉。○甲申鬼破。○丙申辰元。○戊申才武。○庚申官貪

庚酉二金山。

○癸酉破鬼 ○乙酉辰元 ○丁酉武才 ○己酉貪官 ○辛酉廉子

辛戌二土山、

○甲戌辰元 ○丙戌武才 ○戊戌貪官 ○庚戌廉子 ○壬戌鬼破

乾亥二火山、

○乙亥才武 ○丁亥官貪 ○己亥子廉 ○辛亥鬼破 ○癸亥辰元

壬子二土山、

○丙子才武 ○戊子官貪 ○庚子子廉 ○壬子鬼破 ○甲子辰元

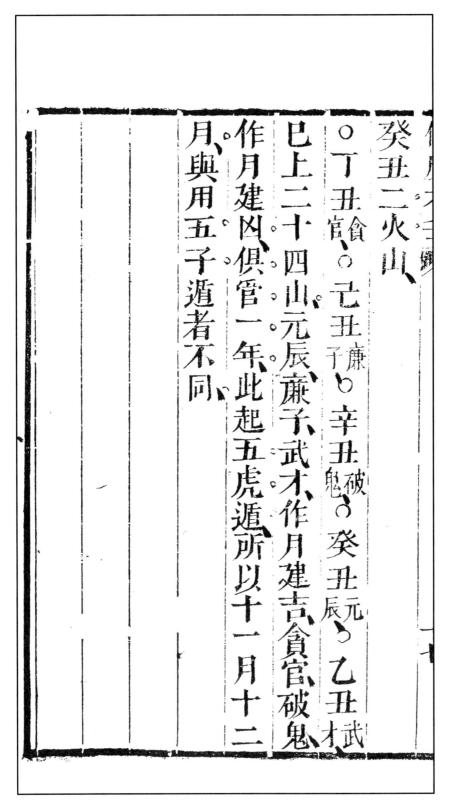

癸丑二火山、

○丁丑食官。己丑廉。辛丑破鬼。癸丑元。乙丑武才

巳上二十四山元辰、廉子、武才作月建吉貪官破鬼

作月建凶俱官一年、此起五虎遁所以十一月十二

月、與用五子遁者不同、

斗首六相六替訣、

斗首選日法取元辰武財爲第一吉兼子次之忌破
鬼爲第一凶貪官次之大吉揔以三吉喜居六相爻
上二凶喜居六替爻上尤喜三吉或在替爻而二凶
六替之爻卽爲三吉之六相其間揔求元辰旺相爲
主四柱必透一元辰若不及透必地支多元辰六相
之爻此妙諦也、

化氣六相、

長生、冠帶、臨官、帝旺、胎、養 訣曰、

生旺人財盛、冠帶福祿增、臨官功名顯、

胎養有喜象、六相外又取、墓庫富豐盈、

廉貞年一位、生旺子孫昌、三元三武吉、

富貴永安康、元辰和五氣、三才仔細詳、

　　化氣六替、

沐浴、衰、病、死、墓、絕 訣曰、

沐浴風聲露、衰病死禍侵、貪破年月上、

災祥各半令、元廉居墓絕、人財不得興、

貪官墓絕上、庶吉仕凶評、

十二支相替定局、

卯亥、

寅亥、

戊寅、火長生、相、　　壬寅、木臨官、相、

庚寅、金絕、替、　　丙寅甲寅、水土病、替、

癸卯、火沐浴、乙不　　丁卯、木帝、相、

生丙火不替、

乙卯、金胎、相、　　辛卯己巳、死水土、替、

儀度六壬〈智部上〉

辰亥　戊辰、火冠、[相]

庚辰、金養、[相]

巳亥　癸巳官、火臨、[相]

乙巳、金長生、[相]

午亥　戊午、火帝旺、[相]

庚午、金沐浴巳祿、生庚金不敗、

未亥　癸未、火衰三伏、醉暑不衰、

乙未、金冠帶、[相]

壬辰、木衰、[替]、三春不衰

丙辰甲辰、水土墓、[相]

丁巳、木病、[替]

辛巳、絕、己巳、土不絕、丙火生巳、

壬午、木死、[替]

丙午甲午、胎、水土、[相]

丁未、木墓、[相]

辛未、水火土烈、[相]、己未、土旺、[相]

申爻
戊申、火病畤正
庚申、官、金臨陽不替
壬申、木絕〔替〕
丙申甲申、水長生土〔替〕相

酉爻
癸酉、火死
乙酉、金帝〔相〕
丁酉、木胎〔相〕
辛酉、水沐浴辛不替己酉土虛

戊爻
戊戌、火墓、
庚戌、旺不替土
壬戌、木養〔相〕
丙戌甲戌、冠帶土〔相〕

亥爻
癸亥、火絕〔替〕
辛亥己亥、水土臨官〔相〕

亥爻
乙亥、金病〔替〕
丁亥、木長生〔相〕

子亥、戊子、火胎、相、

庚子、金死、替、

癸丑、火養、相、

乙丑、金墓、相、

壬子、木沐浴、癸生、甲木不敗、

丙子甲子、水土、帝旺、相、

丁丑、木冠帶、相、

辛丑、水衰、替己丑、上旺不衰、家不衰、

此六十日、相替定局也、四柱合三元三武一家之課、
第一吉者也、然而不可盡得也、間有貪破則如之何、
唯求二凶在年在月、而日與時斷要元武以凶宜在
外、吉宜在丙也、但貪破在外、又要居在六替支上、若

在六相便能生禍、今將六相六替十二支註明虛幾

選日見之了然、乘取用舍之間、不煩思索而得之、此

遵斗首取法也、儀度六壬之取諫止顧日辰之爲元

爲武而巳、止顧元武之貴人祿馬到山到向而巳、不

瑕擇其爲在六相支在六替支也、當如之何、夫亦日

有補救之法在焉補救若何、其法如午山子向元辰

日用癸丑戊寅戊辰癸巳戊午皆養生冠帶官旺支

上古巳萬一時事必用癸亥日返伏吟式取干支夾

向上子祿、則火絕在亥、元辰豈不衰弱、法宜用癸丑、

戊午二時、以補助元辰、再用戊寅戊辰等年月扶助

元辰、其力更重此、以元補元之法也、不得巳用庚辰

庚午武財之支。以元補元、又不得巳、用甲辰甲午廉子

之支以補元、又不得巳、用丁巳壬午貪官病死之支、

爲元辰之臨官帝旺以補元辰、皆爲有益、雖然儀度

六壬之法用貪用破、以補元辰者、非　　　　　　斗首之

選用、一支而巳也、　　以貪　　　　　　　其祿馬貴

人與本日本山向相綰合而到山到向發傳焉故也
帥帶午山癸酉日論火死在酉元辰弱巳歲月或遇
丁巳食官或遇辛巳破鬼巳支為貪破病絕之鄉反
為元辰火臨官圖云補救而其實則以午山為丁之
歲祿午山為辛之歲貴也用法取戌癸戌三傳⦿⦿
⦿得華蓋申乘課又三傳逆生本山得亨通課以癸
日祿子生癸日貴卯以癸日貴卯生丁歲祿辛歲貴
之午從子向生到午山如此則午命子命卯命有不

立發大福者乎此儀度六壬之用斗首法較斗首之

原用法更進一等也

庚子金真死、金寒火冷。

辛卯水真死、水旺金涎。

亡巳土不絕、丙火臨官、巳土怎絕。

辛未水難養、三伏土憔、十三年九旱。

辛酉水不敗、辛金生壬。

癸酉火真死、

六十生死真假辨

壬子木不敗、陰水生陽。

癸卯火不敗、火乙木生丙。

庚午金真生、巳土祿午、一陽初生。

癸未火不衰、秋陽暴虐、三伏酷暑。

己酉土真敗、金強土弱。

庚戌金不衰、土冠金養。

斗首啟命篇註、

太歲遇元辰，一年之旺氣到山大美，月建遇元辰、用武才皆美、日時非元則武、有四元者、有三元、一武或一廉若有二元二武者皆美課也選日必要此、如月建遇廉才則日元宜用元辰、年上日上兩元辰中夾一廉子財星子星詛不大旺不可用武曲、遁元犯貪才壞印、亦不可用貪官天元犯梟神、奪食廉子損要尅子、時上方可用武才生日元以生

廉子或再用元辰亦可、　如月建過貪官遁元與太

歲相戰、以臣犯君則日元急用武才、天干用才以制

印遁元用官來生印、　時上方用元辰日元萬不可、

用元辰犯年與日全月建相夾戰也月建之權重于

太歲若歲日夾戰便生災禍、　破鬼月不可用、

經云全聯元曜十年身到鳳凰池、　無錫周薛二姓、

用全聯元曜果周弘九年中探花薛祿天三年卽聯

捷、

丙申年	○丑亥酉○	空卯丙	元午未申酉貴	陰后
丙申月		勾丑卯	常巳	戊蛇
丙申日		元午申	白辰	亥朱
丙申時		白辰午	空卯寅丑子六	龍勾

周弘丞山莝祖地、甲山庚向、四丙得四申、元辰遇長
生、又六壬午將加申、三傳丑亥酉、丑作甲貴到山所

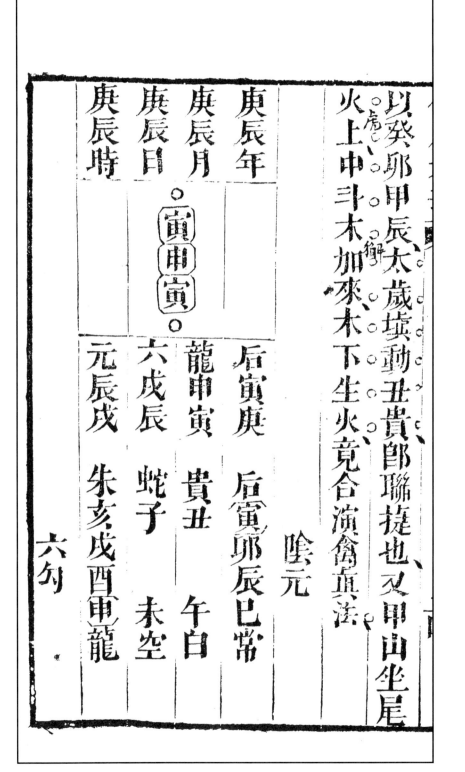

火上中斗木加來木下生火竟合演禽重法

以癸卯甲辰太歲埴動丑貴郎聯捷也又甲山坐尾

	寅申寅。		
庚辰年		后寅庚	陰元
庚辰月		龍申寅	后寅卯辰巳常
庚辰日		六戌辰	貴丑 午白
庚辰時		元辰戌	蛇子 未空
			朱亥戌酉申龍

六旬

薛茂庚山甲向四元得四、養戌將加辰、反吟三傳寅

申寅申作四庚祿寅作四辰、馬文庚山祿在申申向

祿在寅祿馬齊發傳所以壬午癸未聯揾演禽尾火

甲月、互相比旺。。又有邪山酉向用双丙双辛四

元省取二辛祿到酉向二丙貴到酉向祿貴對元辰

大美文四元水長生于申臨官在亥所以輩後登科

甲官諫議此用斗首法也查六壬午將加申三傳午

辰寅巳將加申、三傳巳寅亥酉秀在亥子俱不發傳

辛亥年

丙申月

辛亥月

丙申時

〇

巳寅亥

常自

白未辛　元巳午未申空

陰辰未　陰辰　酉雀

空申亥　后卯　戌勾

元巳申　貴寅丑子亥六　蛇朱

經云要富厚則財馬好貼元辰、言人求財富須本

山本元武加在本命祿馬爻上其法如癸丑命造良

山之元子為癸命祿亥為丑命馬丁壬二干為艮山

元辰加子亥支上催動癸丑命之祿馬遂致富二寅

冲申向不忌　余謂亥子不到艮坤山向似不貼切

唯用丑將甲辰時六壬三傳得巳寅亥巳作癸命貴

到坤向亥作丑命馬到艮山亥上下干作艮山元辰

丑馬到山癸丑命方得力壬子命更好巳作壬貴寅

作子馬亥作壬祿又亥作祿建寅作馬建

儀度六壬　智部上

丁卯年

壬子月

丁亥日

壬寅時

元陰

白辰丁	常巳午未申后
勾丑辰	白辰　酉貴
后申亥	空卯　戌蛇
常巳申	龍寅丑子[亥]朱
	勾六

巳寅亥

經云、元武如逢坐歲駕黃閣勛臣。言要大富貴必本
山元武加在本命歲駕上。如丙山火元戊午亡命三

戊元一 庚武加午命上官至三公封四代查五月申

戊午年

戊午月

戊午日

乙酉時　○午(巳)(辰)○

			后陰
貴未庚	貴未申酉戌元		
蛇(午)未	蛇(午)	亥常	
朱(巳)午	朱(巳)	子白	
六辰巳	六辰卯寅丑空		
	勾龍		
	午明月		

將加酉、六壬三傳(午)(巳)辰、巳作戊命戊月戊日祿又

作丙山猴令到山發傳、所以大貴。然元武加午鵁鵻、
巳無干涉、似在癸山丁向、三午加丁未（神方坺）作丁向猴、

甲寅年	乙巳月	己未日 卯〇午午	甲子時
朱午巳	蛇未午	朱午未	蛇未午
		貴后	
蛇未申酉戌陰	朱午	六巳	蛇辰卯寅丑白
	亥元	子常	龍空

經云貴人若會文昌青春榜眼　其法如甲午命以

巳為文昌未為貴人寅為祿元造屋會元及第余按

此課妙在乙巳月己未日中夾巳祿之午又妙在甲

午命午作巳祿卯與之合巳作文昌居左未作貴人

居右又甲子時冲起午命午祿其屋斷然午向癸六

壬三傳亥辰午不發傳惟酉將加卯戌時三傳卯

(午)午加丁山四武才與子癸對大利餘此觀之遠

書泛泛用四柱不如六壬到山到向之實命可知

文昌貴人會局

文昌貴人巳子酉、　丙亥申宮用巳丑

其餘二二可類推、十干文昌聊列後

假如己貴在子文昌在酉丙貴在亥文昌在申巳

年己命用子酉月日丙年丙命用亥申月日、是也

甲丙文昌在巳猴、乙丁在午酉戌申、

己酉庚亥辛子位、壬寅癸卯又祿榮、

經云三元辰得聚生氣一廉抱天喜、言本山元辰廉

癸卯年

戊午月

癸酉日

甲寅時

。卯酉卯

	貴后
常未癸	蛇寅卯辰巳陰
朱丑未	朱丑　午巳
貴卯酉	六子　未常
空酉卯	勾亥戌酉甲曰
甲寅時	龍空

子、加夫妻命之天喜上。貴巨商甲子命天喜在酉、其

妻庚午命天喜在卯、造屋癸山火元戊癸作元辰癸

卯年、元辰加女命天喜卯上癸酉日、元辰加夫命天

喜酉上、又甲寅時上一位廉子元火生在寅旺在午

次年生二子、妙在申將加寅、六壬得反吟課、三傳卯

酉卯、夫妻天喜皆發動、而卯作癸山貴酉作丁向貴

酉卯、夫妻天喜皆發動、而卯作癸山貴酉作丁向貴

更美、此課元辰兼子旺相有氣郎非天喜亦生子、

　人命　（子丑寅卯辰巳午未申酉戌亥）

　天喜　（酉申未午巳辰卯寅丑子亥戌）

　紅鸞　（卯寅丑子亥戌酉申未午巳辰）

經云拱貴建貴出英豪，如癸未癸亥名拱卯貴、

癸卯年　癸卯癸巳名建貴，昔王午生命、造火元

癸亥月　暑、取卯年為壬命建貴取亥月為壬命

庚申日　建祿取申日為壬命建馬三秀俱全所以

庚辰時　發禍得戰功封外侯但按六壬課中庚申

日、三傳酉未未無卯亥中字眼惟庚午庚戌日三傳

得午巳辰取巳作壬命貴建到火元丙山又作丙山

祿、壬山貴發在中傳大美惜四柱中無巳字填實者

向命

在癸巳年、便大妙巳。祿馬貴人拱夾互聚法、俱如此推。

太歲遇（兼照）財為養命之源，一年管山大得利，月

建宜用元辰生兼以生財也。日時宜用武金生扶

元辰以便生兼子也。　月建遇貪官則年才助月殺，

日元急用武才時上方用元辰為才生殺殺生用，

印生元但惜從本山生出日時耳喜從日時生入本

山為妙月建遇不可用武曲為貪年才壞月印，

用兼于法，如六火山以中巳土為兼子地支喜用

戊子丑辰巳午為元火兼土有氣申子雖云兼生長

生剋為元火病地、要暗沖壞火元長生之寅申、便為

煞若年月用之、須用巳亥以合之、或用子辰三合之、

則不暗沖之巳、此說甚有理、

如丙火山、用四亡巳、火元士廉皆祿于巳、武才之金、

又長生于巳、則元火生廉士廉土生武金、誠傷官生

才美諫也、四巳六壬到癸、丑作癸山貴到山大有力、

丙山不如癸山、

經云天元入局、弄璋更換交場、用土四柱生後生

丙子年

丙申月　　：丑卯巳

辛亥日

壬辰時

壬辰時	蛇卯丑	龍未午巳辰朱	元陰
辛亥日	后丑亥	空申　卯蛇	
丙申月	貴寅子	白酉　寅雀	
丙子年	陰子辛	常戌　亥子丑后	

双子、巳卯中亞魁者三水元一木廉地支會申子辰

亥水局也水元旺木廉生誠美課卯山酉向更美何

勹六

埴時午將加辰六壬三傳【丑卯巳】巳作丙年丙月

亥日馬壬時貴加在卯山、爲祿馬貴三秀臨元辰、酉

作丙午丙月貴辛日祿作向爲祿貴對元辰、此課

開門安床極驗、

凡廉子宜坐祿貴生旺支兄八莫不逢貪官泉神定

生貴子、若在年月坐生旺而日時遇貪官以泉之

主遇房若坐休囚支日時遇貪泉主外死　双廉坐

休因元辰又衰弱損少年子不重即絶、

儀度六壬／智部上

乙巳年
乙巳月
乙巳日。酉君（乙）
乙巳時

后陰

蛇亥巳　　貴子丑寅卯元
元邪亥　　蛇亥
六酉（巳）　朱戌　辰常
后丑酉　　六酉申未午空（巳日）
　　　　　勾龍

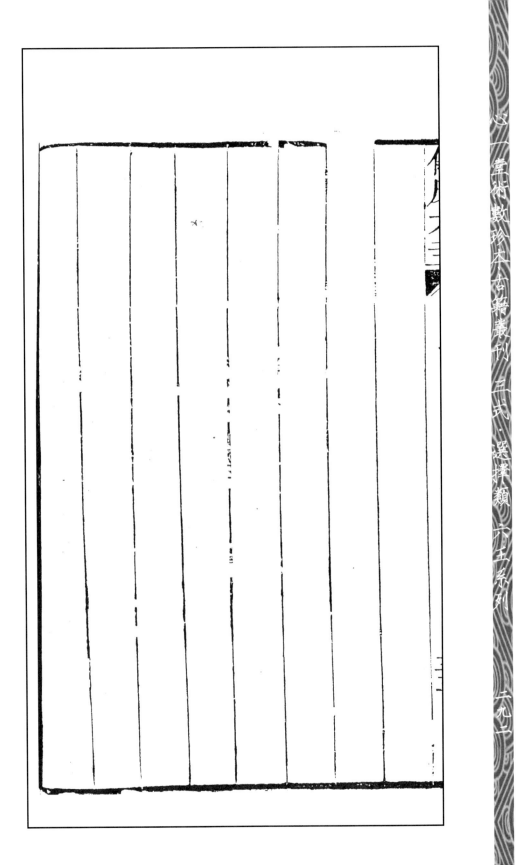

太歲遇武曲一年之生氣遁到山大吉、月建喜用
元辰、或再用武曲亦可、日時或元或武皆正格也。
有四武者有三武一元或一廉者、有二武三元者皆
大美課。如月建遇貪官亦可、年遇貪印到山生我
元辰月上遁得一殺飛來為殺生印即生殺大妙、
日元宜武曲、騎上宜元辰。是又月殺生日印以生時
元辰也日元萬不可用元辰與月殺相爭鬥、若日
元用廉子取遁才生月官月官主年印亦可。

決要用元辰、　廉子月建犯貪才壞印、與破鬼月建、

俱不可用、

用武曲法、　如火山、乙庚爲武曲地支取巳酉丑其

中巳爲臨官火旺金之長生多用致巳字最妙酉爲

金旺武才大喜却爲火元死處若多用酉字便填火

元死眼便爲然了丑爲元火養武金墓双美然墓庫

字不宜太重、

經云欲妻得合旺相武曲會紅鸞、言本山武曲得

亡卯年	亡巳月	甲子日	甲子時

申巳寅

陰亥申　　勾巳午未申白

白申亥　　六辰　　酉常

貴丑辰　　朱卯　　戌元

元戊丑　　蛇寅丑子亥陰

龍空

貴后

旺相加在本命紅鸞支上也、一庚戌命紅鸞在巳。

艮寅山木元巳于為艮山武曲、加紅鸞之巳上果得

儀度六壬　智部上

美妻、余謂得力在甲子日元己巳月建、作甲子宅元。

定生官又爲甲子日文昌又爲卯年驛馬然酉將加

子、必須甲辰日六壬三傳方得申巳寅紅鸞之巳作

艮山丙祿加坤申向發中傳紅鸞方得用、　要紅鸞

作山向祿貴加山加向而發傳

太歲遇破(鬼)天元既是破軍為本山煞氣八元又是

廉子為本山洩氣大凶之年　盎不得巳用廉子

月建月干傷官制年干七煞年遁傷官生月遁武才、

武曲在月日元辰在時旺相破軍在年衰敗為把

門破鬼言盜不侵先富後貴　天干一破鬼逢兩支

生旺主鬼妻天干兩破鬼逢一支生旺主鬼子、

經云求科第則祿貴須加武曲　言兄求科第須本

山武曲加在本命祿貴上　昔人丙山火元壟辛酉

儀度六壬　智部上

命取月寅時寅作辛命貴武庚元戊加二寅上聯科

辛亥年、及第一門罷盛太歲辛作破雖旺在亥辛

庚寅月、在外元辰火生寅祿巳日元吊絡壬午生

乙巳日、亥祿寅此丙山火元月武庚時元戊加辛

戊寅時　命之寅貴也時子將加寅六壬三傳得丑

亥酉柱中之寅不能發傳唯改庚寅日乙酉時子將

加酉六壬三傳得申亥寅寅加乾亥山作乾山祿弱

向貴如是則二庚武曲加辛命寅貴上方爲有力、

辛亥年
庚寅月
庚寅日
乙酉時

申亥(寅)

勾亥庚

白(寅)亥

陰巳寅

蛇申巳

勾亥子丑(寅)白　龍空

六戌

朱酉　卯常

蛇申未午巳陰　辰元

貴后

曾有耶命人、扦丁山癸向、太歲乙作破鬼、急用武曲、巳月、元辰丁日壬時者、元辰木祿寅旺邜墓未武曲

乙巳年
己卯月
丁未日
壬寅時

卯亥未

常元

	空卯 丁	白辰巳午未陰
朱亥卯	朱亥卯	空卯 甲后
空卯未	空卯未	龍寅 酉貴
朱亥卯	勾丑子亥戌蛇	

六朱

土祿巳旺未、元武旺相在内、破金雖在巳、喜春令木
旺金衰此真把門破鬼也、六壬戌將加寅、三傳得□

亥未卯傳加丁山作月建、作乙歲祿作壬時貴作癸

向貴加丁山會木局、所以入財昌盛、

昔李丞相葬母艮山坤向、太歲庚破用三秀法取年

上庚祿居申巳月貴人在申寅年戌日馬在申合祿

庚寅年　貴馬元對元辰、又用日祿在寅福星貴人

己卯月　在寅爲會元辰、三秀齊備所以官至宰相、

甲戌日　此取地支山向作年月日時貴人祿馬法

丁卯時　也宜寅山申向地但與六壬發傳不合

又一課合六壬而取山向作年月日時之貴人祿馬

庚寅年　　　　　　　　　　　　　　　陰元

壬午月

甲辰日

壬申時

　　　　寅巳申

龍寅申　　后申　酉戌　亥常

龍寅寅　　貴未　　　　子白

六辰辰　　蛇午　　　　丑空

六辰辰　　朱巳　辰卯　寅龍

　　　　　六勾

并得天星祿馬貴人者亦寅山申向取寅山作甲山

祿申時辰日夾馬取申向作庚年祿寅年午月夾馬

時五月太陽在申木星作寅祿寅馬水星作申祿申

馬太陽領水木二星在申向爲朝元爲對元辰大發

富貴六壬課申將加申爲伏吟、三傳得(寅)(巳)(申)寅申

癸酉年　皆發傳靈機生動巳、

庚申月　昔有作乙山金元癸年破鬼者取丁木日、

丁卯日　作武曲旺卯養戌胎酉癸火破鬼死酉病

庚戌時　申敗卯其墓戌亦攻軸不及之意聯登科

甲、人財大盛吊客甲辰土生申旺戌此破鬼把門用

武曲也、六壬午將加戌三傳未邜亥子加乙山、傳、不、發、

戊寅年　祠廟辰山戌向孝子送爻神主進廟年月

戊午月　兩破鬼生寅旺午不滿一年聯損二媳入

庚申日　主且然況造塋承　天干二破旺二爻主

壬午時　損妻之証也、六壬申將加午、三傳子寅辰、

不合、

巳上論年上破鬼以後泛論、

經云星陷馬空虛名虛利、言元廉武三吉犯休囚、

丁未年　祿馬貴人犯旬空大忌、昔甲子命祿馬

甲辰月　在寅用上四柱皆在甲辰旬中空寅卯、使

戊申日　　考退前程、又一甲申命亦祿馬皆在寅、

癸丑時　　日時改作庚寅庚辰者日時二旬不空寅

卯造屋後補稟生選貢官至太守、

經云祿強馬旺飽學高科、曾有乙卯命造屋用上

四柱官翰林者取亥年未月拱卯乙命祿巳日巳時、

乙亥年　作卯命驛馬也。此課亦未盡善亥年未

癸未月　月拱卯祿必須二癸干、或二乙干乃合六

癸巳日　壬三傳未酉亥卯加癸不發傳酉冲起定

丁巳時　是癸山丁向、

凡人命要得祿建貴建拱祿拱貴爲妙。

如丑山未向墊庚子命取申年作庚命祿取丑日作

庚命貴中經魁登進士六壬三傳得午丑申丑山作

甲年戊月庚命貴人申作庚命祿乙日貴加來在丑

	常元
甲申年	
戊辰月	
乙丑日	午丑申
戊寅時	

六亥乙　白卯辰巳午陰

陰午亥　空寅　　未后

貴申丑　龍丑　　申貴

白卯申　勾子亥戊酉蛇

　　　　六朱

儀度六壬（甲）智邸上

山又乙丑日元最好乙與庚命合子
命與丑貴合乙、貴在子命、申年庚命
貴在丑自然庚子人大發。

太歲遇貪官是一年之煞氣通到山大凶、月建日
時、急用武曲以化其煞或月日武曲時上元辰亦可、
若月武曲日元辰時武曲兩印夾一元亦可、月
建萬不可用廉子以當其煞亦不可用元辰與山煞
恐閗起禍、只宜化解不宜爭閗、
貪官止一位在年休囚月日武曲旺相主讀書成名、
或因官府得㬉、若重見貪官則為文書走落不利一
書云年月重逢日時更求全吉曾有作午山火元用

信度大全　四

丁巳年	常巳丁	元午未申酉貫	陰元
壬寅月	空卯巳	常巳　戌蛇	
丁巳日	空卯巳	白辰　亥朱	
壬寅時	勾丑卯	空卯寅丑子六	龍勾

丑亥酉

元生寅祿巳而遁吊水煞病寅絕巳故也四貪禾祿

二丁二壬四貪、而登科及第、人財並盛者以本山丙

于寅生起元辰有力、六壬子將加寅、三傳丑亥酉該

亥山二貴會元辰、丙山二貴對元辰

己[丑]年				后陰
壬申月。	酉丑巳	勾[申]乙	貴子[丑]寅卯元	
乙[丑]日		壬子申	蛇亥	辰常
丁[丑]時		白巳[丑]	朱戌	巳白
		六酉巳	六酉申未午空	
			勾龍	

年上貪官宜用武財月建課　庚山甲向庚子命處

暑後巳將加丑六壬三傳得酉丑巳丑作庚命庚山

貴人今年丑日丑時丑三丑貴聚在庚山貴力甚大

況丑爻作太歲年上貪官月用武財制而日用元

辰時又武財此正格也

起

四二

○大六壬課匙法、

申酉戌亥　此地盤十二支靜而不動者、起課先看

未　子　太陽在地盤上起十二神次看貴人在

午　丑　天盤上起十二將以定吉凶太陽十二

巳辰卯寅　個月將、大寒後過子爲子將、雨水後過

亥爲亥將換次行去、到冬至後過丑共十二個月將、

起天神法假如甲子日用辰時起課在大寒後太陽

在子遂用子將加辰、丑加巳寅加午、順數去則亥在

心一堂術數珍本古籍叢刊　三式‧選擇類　六壬系列

辰巳午未
卯　　申
寅　　酉
丑子亥戌

卯則流十二宮名曰天盤、看吉凶法如

亥加卯、亥水生卯木大吉、如巳加酉、巳

火尅酉金爲凶之類是也、十二神既定

乃用貴人起十二將加天盤、十二神上、

貴滕朱六勾青空白常玄陰后、自卯至申六晝時用

陽貴自酉至寅六夜時用陰貴、今報辰時起課在六

晝時、甲日陽貴在未、陰貴在丑、今十二神盤中未

加亥上、爲貴人登天門、自亥順至辰爲六陽位、自戌

陰后

元辰巳午未貴

常卯　　申蛇

自寅　　酉朱

空丑子亥戌六　龍勾

逆至巳為六陰位貴居陽位順數、

貴居陰位逆數今未貴在亥陽位、

順數十二將貴將加未神蛇將加

申神朱將加酉神六將加戌神勾

亥龍子空丑以至后午此十二將、

加十二神法也論吉凶如蛇加申、

為火尅金子得申金生水而力輕六加戌為木尅土、

寅得戊土為財而多助之類神將二盤既定方起四

課陽干起祿位甲起寅丙戊起巳庚起申壬起亥。

干起祿前一位乙起辰丁巳起未辛起戌癸起丑如

今干支甲子日神將盤中甲干上是戌戌上是午爲

天干二課子支上是申申上是辰爲地支二課是爲

	三傳		
	戌午寅		
		四課	
戌	午	申	辰
甲	戌	子	申

四課從四課中發出

三傳甲子是未戌神

是土以下尅上戌發

初傳亥上午爲中傳

午上寅為末傳是三傳戊午寅也從于支上起四課

最明白、惟從四課中起三傳、有上尅下尅、遙尅、涉尅、

等法、歌訣難記今七目二十課起定三傳四課附勇

部之末、

儀度六壬選日要訣用課例、

第一取本山祿馬貴人要到本山、如甲山兼寅要未
貴或丑貴加寅如甲山兼卯要寅祿寅馬或未貴、
丑貴加卯且發出三傳則化機靈動方能發福如
不發傳止為祿貴暗加、力遂減輕、　本山祿馬貴
人到向者亦然、向向祿馬貴人到山到向亦然、
次郎取本山祿貴到本山者、郎為_{甕造}生人本命不然、
郎作子孫本命如丑貴到甲山生人郎為丑命巳

祿到丙山生人郎為巳命、是也、時、或難遇、郎本山

祿貴到山者、為生人本命祿貴亦與命同、如丑貴

到甲山本命是甲戌庚三年子貴皆在丑、巳祿到

丙山本命是丙戌二年于祿神在巳、或本命是壬

癸二年干貴人在巳、是也

次郎取到山之祿馬貴人、郎為本日祿馬貴人選日

與山向、方為關切、不然、爾為我日與山向、

不相聯屬、何以觸動造化機緘而發福哉、此着為

選日喫緊處也、機鍥二字全在發初傳用神處、

假如辛山乙向用甲午日三傳⑲午戌寅到辛

山爲辛山貴人郎爲甲日祿神以本日祿神帶本

山貴人加臨本山詎非選日與山向相爲關切聯

屬乎、

次郎取本日本山祿馬貴人郎爲月建太歲祿馬貴

人其權力乃爲重大方得儀度六壬之全量然而

不能課課皆然一月之中不過二三課苟能遇著

如獲至寶、如坤山艮向戊子年戊午月、丙戌日、戊

戌時、三傳（亥）（申）（巳）巳加坤山得艮向丙祿、今作戊

年祿戊月祿丙日祿戊時祿四個祿神聚集坤山

福力詎不重大且又巳火能生坤土吉何如之主

巳命人立發富貴、　向上祿貴加來本山最好、

次郎取本日本山向祿馬貴人郎爲太歲郎爲太陽

到山到向其權力又加重大如癸山丁向癸山祿

居子戊子年、乙丑月、乙卯日癸未時、三傳（寅）（未）（子）

初傳寅爲太歲馬、中傳未爲太歲貴、末傳子竟作

太歲加在丁未向上、大寒後太陽在子、作太歲、

乙月乙日貴作癸時祿是太歲太陽帶乙貴癸祿、

合併作坐下癸山祿先臨向炤山、其福力又加倍

巳且甲寅旬中空子丑太陽在子逢空又在未爲

課每年止得二三山向遇着真大幸也于在未傳、

畫時光輝普照六壬所最喜者況兼大歲乘如此

應第三年發爲餘杭李朕錫、响山塋母用乙

丑日、

巳上諸例皆易得者也、先有一種至切至要知之

易如轉圜不知昏迷若夢所云、

撥砂挨星法者如丙龍入首用癸酉日（酉丑巳）三傳、

酉貴到巳山酉方酉砂如展誥如金鐘又如乾龍

砂如支筆如天馬貴人之位不實如此砂平八再

入首用戊子日巳申（丑）三傳、丑貴到巽向東北丑

識得挨星法撥作貪巨科甲申星一則巳酉年一則

丑未年、發富發貴若不識挨誤作破軍文曲將如

之何學者誠知六壬用法又知挨星誆不萬全無

奈世人不知此星是何星誆人金帛指天說地考

求盡學兩目如盲此序中貴人祿馬之位實誠難

得其實也學者誠能得其實方可與人扦地不然

返問諸心何以對山川鬼神耶

不知砂性屬何五行心中難對山川山川難對人

可欺鬼神難欺

凡本日本山向祿馬貴人作太歲月建祿馬貴人祿

儀度六壬 智部上

貴以天干論、如甲山以寅爲祿、年月天干是甲干、

甲山以丑未爲貴、年月天干是甲戌庚三干是也、

驛馬以地支論、如申子辰年月、驛馬在寅、寅午戌

年月、驛馬在申、巳酉丑年月、驛馬在亥、亥卯未年

月、驛馬在巳是也、日時驛馬仝、

凡本日本山向祿馬貴人、郎作太歲月建、專以地支

論、如甲山以寅爲祿、太歲月建係寅支甲山以丑

未爲貴、太歲月建係丑支未支是也、

凡太陽作祿馬貴人亦以地支論、如甲山以未爲貴、

每年五月六月、太陽在未上甲山以寅爲祿爲馬、

每年十月十一月、太陽在寅上是也、

凡太陽作本日本山向祿馬貴人郎作太歲者如甲

山以丑未爲貴太陽在丑未太歲係丑年未年甲

山以寅爲祿爲馬太陽在寅太歲係寅年是也、

此郎用龍德課法、

大六壬用祿馬貴人外有用朱雀一法以六巳日申

貴逆數朱雀到午、爲眞朱雀、又生巳土主文明煥

采産文章秀士高中科第、尅則口舌訟事若作太。

歲刑尅訟事直上朝廷據此則朱雀作太歲作太

陽生山生命者必文章科第上達朝廷可知、今予

於龍德時太官爵等課外、又錄此法者專爲讀書

貧士有志上進用此法助之裨伊文章華國太陽

上達朝廷太歲亦一快事也、

假如癸山丁向、

庚午年、午作太歲作丁向祿神、

癸未月、取六月下旬、太陽過午、

○乙酉日、三傳申未午、從申貴加酉逆數朱雀乘
午加未上、甲申旬空午未歲月填實、

癸未時、時太陽在午午將加未合太陽太歲夭

雀之午到丁向以熠癸山、此課午作貞雀作

太歲作太陽作丁向祿神又逢空又在晝眛主

午命人立發科第文明煥采上達朝廷、

又如甲山庚向、

丙申年　三傳丑亥酉酉貴登天門朱雀乘中傳、

丙申月　亥貴臨丁丑命火以生土第九年中探

丙申日　花是明聽也、此不必作太歲、作太陽作

丙申時　午雀但雀乘傳中本命貴人臨命官郎、

發者指南捷經書斷朱雀得考試中式者甚多、

予雜錄諸課中以爲証驗云　畢法賦(朱)(亥)(丑)

言朱雀內戰起課主不利蓋以丑土上尅亥水、

亥水上尅朱火也今丁丑命亥作丙日貴又作

丁命貴喜其加命不嫌于尅而朱雀又以火從

上以生下丑土命得中探花可見書不可拘

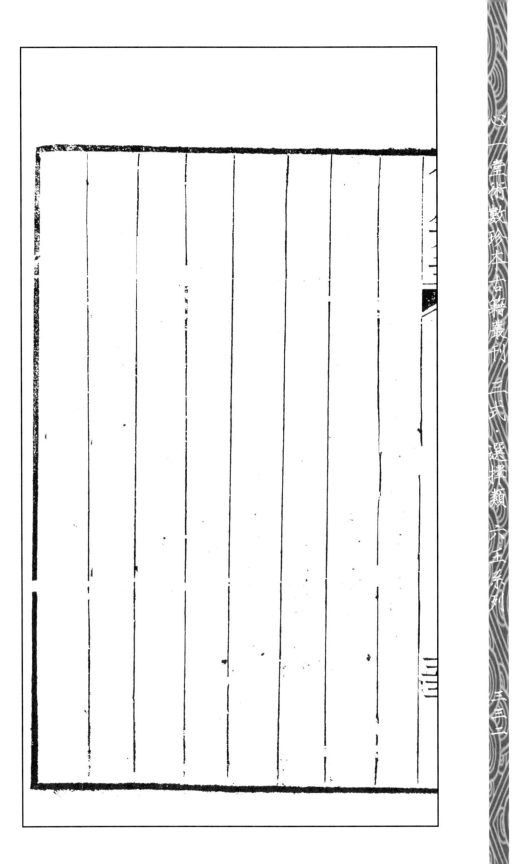

（太陽）值年登駕輪到山向法、

太陽登歲駕、一年止一月開後、

年	月	太陽躔
子年太歲、	正月上中下旬	太陽躔虛危
亥年太歲、	十二月下中旬	太陽躔室壁
戌年太歲、	二月上中旬	太陽躔奎婁
酉年太歲、	三月上下中旬	太陽躔胃昴畢
申年太歲、	四月上下中旬	太陽躔觜參
未年太歲、	五月下中旬 五月上中旬 六月上中旬	太陽躔井鬼

儀度六壬

智部上

午年太歲	巳年太歲	辰年太歲	卯年太歲	寅年太歲	丑年太歲
六月下旬 七月上中旬	七月下旬 八月上中旬	八月下旬 九月上中旬	九月下旬 十月上中旬	十月下旬 十一月上中旬	十一月下旬 十二月上中旬
太陽躔栁星張	太陽躔翼軫	太陽躔角亢	太陽躔氐房心	太陽躔尾箕	太陽躔斗牛女

用法如巳年。七八月太陽到翼軫有三十日可用。每日用之、如子時巳將郎到子、如辰睋巳將

即到辰、十二個時皆可用、如下所開便是。

太陽登歲駕、每日十二時周流十二宮。

虛危午時在危、未時便過未。

太陽登子歲駕、

室壁午時在危、申時便過申。

太陽登亥歲駕、

奎婁午時在危、酉時便到酉。

太陽登戌歲駕、

日時、巳午未、虛危在。昏時申酉戌。

夜時、亥子丑、虛危在。旦時寅卯辰。

日時、巳午未、室壁在。昏時申酉戌。

夜時、亥子丑、室壁在。旦時寅卯辰。

日時、巳午未、奎婁在。昏時申酉戌。

夜時、亥子丑、奎婁在。旦時寅卯辰。

儀度　智部上

太陽登（酉）歲駕、
戌時便到戌。
昴畢午時在午。

太陽登（申）歲駕、
亥時便到亥。
觜參午時在午。

太陽登（未）歲駕、
子時便到子。
井鬼午時在午。

太陽登（午）歲駕、
丑時便到丑。
張星午時在午。

日時、胃昴畢、巳午未。
昏時、胃昴畢、申酉戌。

夜時、胃昴畢、亥子丑。
旦時、胃昴畢、寅卯辰。

日時、觜參、巳午未。
昏時、觜參、申酉戌。

夜時、觜參、亥子丑。
旦時、觜參、寅卯辰。

日時、井鬼、巳午未。
昏時、井鬼、申酉戌。

夜時、井鬼、亥子丑。
旦時、井鬼、寅卯辰。

日時、柳星張、巳午未。
昏時、柳星張、申酉戌。

夜時、柳星張、亥子丑。
旦時、柳星張、寅卯辰。

太陽登(巳)歲駕、奠軫、午時在午、寅時便到寅。

日時、奠軫在巳午未、昏時、翼軫在申酉戌。

夜時、奠軫在亥子丑、旦時、翼軫在寅卯辰。

太陽登(辰)歲駕、角亢、午時在午、卯時便到卯。

日時、角亢在巳午未、昏時、角亢在申酉戌。

夜時、角亢在亥子丑、旦時、角亢在寅卯辰。

太陽登(卯)歲駕、房心午時在午、辰時便到辰。

日時、房心在巳午未、昏時、氐房心在申酉戌。

夜時、氐房心在亥子丑、旦時、氐房心在寅卯辰。

太陽登(寅)歲駕、尾箕、午時在午、巳時便到巳。

日時、尾箕在巳午未、昏時、尾箕在申酉戌。

夜時、尾箕在亥子丑、旦時、尾箕在寅卯辰。

太陽登(丑歲)駕

日眜	巳午未	牛斗女
昏眜	申酉戌	牛斗女
夜時	亥子丑	斗牛女
旦眜	寅卯辰	斗牛女

斗女、午時在巳、未時便過未。

天官書言日中、昏中、夜中、旦中者、每一中止言一
時、如日中止言午、眜夜中止言子時也、此言日時、
昏時夜眜旦時者、每一時兼三時、如日時兼巳午
未夜時兼亥子丑也、十二時摠以爲準、過後便一
時過一宮、到巳時後午時復到午上也。
看太歲帶祿貴、到山到向、

看太陽帶祿貴到山到向

看太陽登歲駕帶祿貴到山向皆在此篇巳

大六壬數最喜太陽逢空光焰萬方福力乃大儀度

六壬用之選日必帶祿帶貴光輝更加有力其法如

甲申旬空午空未若大陽在未加臨卯酉則扦甲庚

山向帶得貴人太陽在午加臨丑未則扦癸丁山向

帶得祿元壬午未入立發富貴

空午臨辛爲帶貴人

儀度六壬（智部五

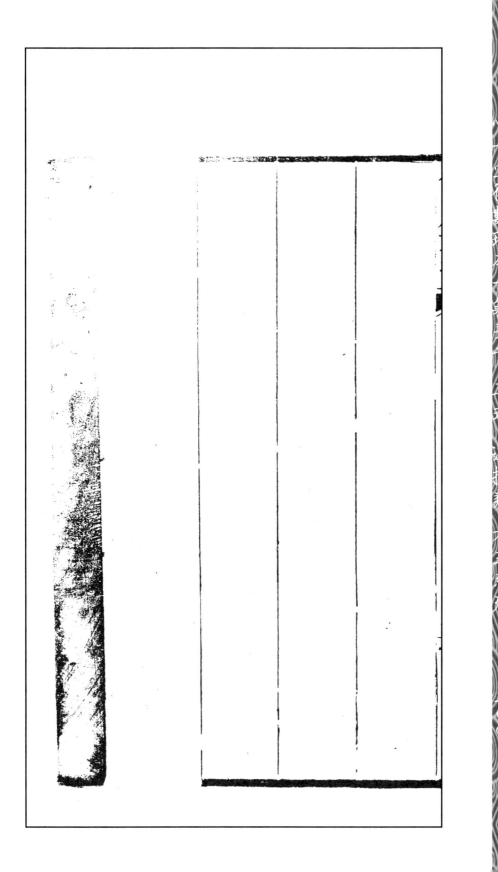